Mirabilia Itali
G U I D E

La Basilica di San Vit
e il Mausoleo di Galla Pl
a Ravenna

The Basilica of San Vitale and the Mausoleum of Galla Placidia in Ravenna

Pianta del centro storico
di Ravenna con San Vitale,
il suo complesso monastico,
Santa Maria Maggiore,
Santa Croce e il Mausoleo
di Galla Placidia.

Map of the historic centre
of Ravenna with San Vitale,
its monastic complex,
Santa Maria Maggiore,
Santa Croce and the Mausoleum
of Galla Placidia.

Mirabilia Italiæ
GUIDE

La Basilica di San Vitale e il Mausoleo di Galla Placidia a Ravenna

The Basilica of San Vitale and the Mausoleum of Galla Placidia in Ravenna

a cura di / *edited by*
Gianfranco Malafarina

fotografie di / *photographs by*
Paolo Robino

FRANCO COSIMO PANINI

Traduzione inglese / *English translation*
Wendell Ricketts per CITI Traduzioni, Modena

Coordinamento editoriale / *Coordinating Editor*
Rolando Bussi

Redazione / *Editing*
Alessandro Vicenzi

Disegni e impaginazione / *Drawings and pagination*
Roberto Ghiddi, Alessandra Marrama

ISBN 978-88-570-0009-1

Prima ristampa: 2012

Direzionale 70 - Via Giardini, 474/D
41124 Modena - Italy
Tel. +39 059 2917300 - Fax +39 059 2917381
e-mail: info@fcp.it
www.fcp.it

La Basilica di San Vitale

The Basilica of San Vitale

1-3. Presbiterio. Trifore a livello dei matronei. Sottarchi.

1-3. *Presbytery. Three-lighted opening at the level of the galleries. Intrados.*

1

2

3

La Basilica di San Vitale

The Basilica of San Vitale

La storia

Capolavoro dell'arte bizantina in Italia, la Basilica di San Vitale a Ravenna sintetizza felicemente il contesto storico e sociale che caratterizza la prima parte del regno di Giustinano, rispecchiando fedelmente il complesso programma artistico e ideologico del sovrano e della sua corte e ponendosi come testimonianza esemplare dell'identità bizantina nell'Italia del VI secolo. Essa sorge nel cuore di una città che dopo aver preso quota al tempo di Ottaviano grazie alla fondazione del porto di Classe, dove era di stanza la flotta romana del Mediterraneo orientale, assunse grande importanza in età imperiale in virtù della sua posizione strategica rispetto all'Adriatico, all'Oriente e alle direttrici che da Roma scavalcavano l'Appennino in direzione della Venetia, dell'Illiria e del Norico, sviluppando notevolmente la sua vocazione mercantile e diventando il principale emporio commerciale della Gallia Cisalpina. Ma gli anni d'oro di Ravenna, dopo la lunga fase di decadenza dell'Impero, ebbero inizio con l'invasione dei Visigoti, quando Onorio, costretto ad abbandonare Milano di fronte all'avanzata di Alarico, la scelse come capitale dell'Impero Romano d'Occidente (402), facendone il centro di una vasta rete di interessi garantita dalla sua posizione di sentinella all'ingresso dell'Italia peninsulare.

Divenuta in seguito capitale del regno degli Ostrogoti, la città beneficiò della ripresa economica verificatasi in Italia durante il regno di Teodorico, che vi risiedette a lungo con la sua corte, mentre nel corso della guerra greco-gotica (535-553) fu conquistata dal generale bizantino Belisario e al termine del conflitto fu designata da Giustiniano capitale della Prefettura d'Italia, concludendo così il disegno di riportare sotto il diretto controllo di Costantinopoli, in nome dell'imperatore, i territori d'Occidente occupati dai barbari. In quegli anni, nonostante il protrarsi del conflitto, Giustinano, affiancato dalla moglie Teodora e da efficienti collaboratori, si occupò attivamente della riorganizzazione interna del suo vasto impero, riordinando le basi giuridiche del diritto romano e dando vita a un vasto programma di rinnovamento edilizio in cui spiccano alcuni capolavori dell'architettura bizantina come le chiese di Santa Sofia, dei Santi Apostoli e di Sant'Irene a Costantinopoli, e le basiliche di Sant'Apollinare in Classe e San Vitale a Ravenna.

The history

A masterpiece of Byzantine art in Italy, the Basilica of San Vitale in Ravenna successfully captures the essence of the historical and social context that characterizes the first part of Justinian's reign, faithfully reflecting the complex artistic and ideological program of the sovereign and his court, constituting an exemplary testament of the Byzantine culture in sixth-century Italy. It stands in the heart of a city that, having assumed a certain importance during the age of Octavius thanks to the creation of the Port of Classe, where the Roman fleet of the Eastern Mediterranean was stationed, managed to achieve great prominence in the imperial age by virtue of its strategic position vis-à-vis the Adriatic, the Orient and the routes that led from Rome up across the Apennines in the direction of Venetia, Illiria and Norico; it was during this period that the city developed its mercantile potential to become the principal commercial emporium of Cisalpine Gaul. Having endured a period of decline as the empire weakened, Ravenna's true golden age actually began with the invasion of the Visigoths when Honorius, forced to abandon Milan in the face of Alaric's advance, selected it as the capital of the Western Roman Empire (402), making it the center of a vast network of interests guaranteed by its natural position as a sort of sentry standing at the entry point to peninsular Italy.

Later becoming the capital of the Ostrogoth kingdom, the city benefited from the economic recovery that occurred in Italy during the reign of Theodoric, who resided here for a long period with his court, whereas during the course of the Greco-Gothic war (535-553) it was conquered by the Byzantine general, Belisarius, and at the end of this conflict it was designated by Justinian as the capital of the Prefecture of Italy, thus fulfilling his dream of once again bringing the Western territories that had been occupied by the barbarians under the direct control of Constantinople. In the years that immediately followed, Justinian, flanked by his wife, Theodora and a host of efficient collaborators, threw himself into the enterprise of bringing about an internal reorganization of his vast empire, overhauling the legal foundations of Roman law and giving rise to a sweeping program involving the construction of a large numbers of new buildings, including many masterpieces of Byzantine architecture, such as the churches of Santa Sofia,

4, 5. Ambulacro, seconda campata. Il sarcofago di Isacio (420 ca), fronte e retro.

4, 5. Ambulatory, second bay. The sarcophagus of Ysaacius (second decade of the 5th-century), front and back.

4

5

Una chiesa, questa, in cui peraltro l'imperatore, che non si recò mai a Ravenna, non mise mai piede nonostante la forte connotazione "imperiale" e ideologica del vasto ciclo musivo predisposto all'interno.

Le vicende costruttive

Le origini della vicenda costruttiva di San Vitale, situata nei pressi della chiesa di Santa Croce e del Mausoleo di Galla Placidia, si collocano durante l'interregno della figlia di Teodorico, Amalasunta, quando il vescovo Ecclesio († 532), giunto quasi al termine del suo episcopato, gettò le fondamenta della nuova fabbrica inglobandovi un precedente sacello del v secolo dedicato al martire Vitale, sacello che secondo una leggenda nata un secolo dopo sarebbe sorto proprio sul luogo in cui il santo aveva subìto il martirio. Presto interrotta allo scoppio della guerra greco-gotica, la costruzione fu ripresa al tempo del vescovo Vittore (537-544) per iniziativa dell'*argentarius* Giuliano, influente banchiere di origine orientale, ma la basilica fu inaugurata e consacrata solo nel 547 dall'arcivescovo Massimiano, altro grande protagonista della politica religiosa giustinianea. L'intitolazione del tempio al martire Vitale, raffigurato a mosaico nel catino absidale accanto a Cristo, risulta da una perduta epigrafe in cui il santo milanese viene citato come padre dei santi Gervasio e Protasio, anch'essi di Milano, instaurando in tal modo una sorta di primato della Chiesa di Ravenna su altre diocesi metropolitane come appunto Milano e Aquileia, in un sottile collegamento che fa dell'arcivescovo di Ravenna, grazie a una politica religiosa sempre allineata all'ideologia

the Holy Apostles and Sant'Irene in Constantinople, and the basilicas of Sant'Apollinare in Classe and San Vitale in Ravenna. In the case of the latter, by the way, the emperor, who failed to ever travel to Ravenna, never even set foot in it, despite the conspicuous "imperial" and ideological disposition of the vast cycle of mosaic works found inside it.

The process of construction

The origins of the construction process for San Vitale, located in the vicinity of the Church of Santa Croce and the Mausoleum of Galla Placidia, date back to the regency of Theodoric's daughter, Amalasunta, when Bishop Ecclesius († 532), who had almost come to the end of his episcopate, laid the foundations of the new building, incorporating a previous sacellum from the 5th-century devoted to the martyr, Vitalis, a sacellum which, according to a legend that sprung up a century later, was supposed to have been built right over the spot where the saint had been martyred. Not long thereafter, interrupted by the outbreak of the Greco-Gothic war, construction was recommenced during the time of Bishop Victor (537-544) at the behest of the argentarius, *Julian, an influential banker of Eastern origins, but the basilica was not inaugurated and consecrated until 547 by Archbishop Maximianus, another great advocate of Justinian's religious policies. The idea of naming the church after the martyr, Vitalis, depicted in a mosaic image in the conch of the apse right next to Christ, was inspired by a lost epigraph in which the Milanese saint is mentioned as the father of Saints Gervasius and Protasius, both of whom were also from*

6. Ambulacro, seconda campata.
Mosaico pavimentale
del sacello di san Vitale
(prima metà del V secolo).

*6. Ambulatory, second bay.
Floor mosaic of the
sacellum of St. Vitalis
(first half of the 5th-century).*

imperiale, una sorta di primate d'Italia e un vero e proprio vicario pontificio.

Nell'arco di tempo compreso tra il 532 e il 547 si colloca anche la realizzazione del rivestimento parietale dell'abside e dell'area presbiteriale della Basilica, una vasta superficie musiva che vede impegnate numerose maestranze dotate di grande perizia tecnica. In seguito, per quattro secoli, l'assetto del tempio resta pressoché immutato, ma nel lungo periodo compreso tra il X secolo circa e il 1797, quando l'edificio era di proprietà dell'ordine monastico dei Benedettini, il complesso basilicale, per le mutate esigenze liturgiche, subisce svariate trasformazioni, tra cui la sopraelevazione del pavimento di 80 cm circa e l'aggiunta di nuovi ambienti addossati al circuito esterno del fabbricato. Infine, tra la fine del XIX secolo e gli inizi

Milan, thereby establishing a sort of supremacy for the Church of Ravenna over other metropolitan dioce-ses, such as Milan and Aquileia, thanks to a subtle connection that established the archbishop of Ravenna as a sort of primate of Italy and a veritable substitute pope.

The period between 532 and 547 also witnessed the completion of the wall decorations in the apse and the presbytery area of the basilica, a huge expanse of mosaic work that required the efforts of numerous craftsmen. After this, for the next four centuries the basic arrangement of the church remained unchanged, but during the long period between the 10th-century roughly and 1797, when the building was the property of the Benedictine monastic order, due to changing liturgical needs, the basilica complex underwent a number of transformations, including the raising of the floor by 80

6

7

8

del XX, si procede al graduale e sistematico abbattimento di tali superfetazioni, restituendo all'esterno della chiesa l'aspetto e la dignità originari.

La struttura architettonica

La pianta di San Vitale esprime con immediata evidenza la singolare concezione spaziale dell'architetto, giocata con ardita fantasia volumetrica sulla sovrapposizione di due corpi prismatici ottagonali, uno più alto e stretto (diametro m 33), sormontato da un tetto piramidale e inglobante la cupola, uno più largo e basso (diametro m 40), comprendente il pianterreno con ambulacro perimetrale e il primo piano costituito dai matronei. Del grande quadriportico non resta oggi che il nartece o ardica, terminante all'estremità con due absidiole (nartece a forcipe) e disposto tangenzialmente a uno degli angoli dell'ottagono esterno, in modo da rendere possibile l'accesso all'interno della chiesa da due lati contigui. All'estremità opposta di una delle due entrate si sviluppa il presbiterio, mentre su ciascun lato dell'ottagono minore si apre un'esedra divisa in due ordini da trifore sovrapposte. L'alta cupola, costituita da anelli concentrici di anfore vuote, è retta da otto slanciati pilastri, tra i quali si incurvano nicchioni o esedre semicircolari, a doppio ordine di colonnati, che rinfiancano la cupola stessa.

L'ambulacro perimetrale si interrompe solo per dar luogo al profondo presbiterio, la cui pianta rettangolare termina in un'abside internamente semicircolare ed esternamente poligonale, sormontata da un alto timpano triangolare. Il nudo paramento a mattoni a vista dell'esterno, caratterizzato da un'ampia e semplice articolazione spaziale, è ravvivato da robuste lesene, più spesse agli angoli, e da una cornice a marcapiano a mezza altezza che divide in senso orizzontale la superficie in due ordini, formando con le lesene

cm and the addition of new elements that were built up against the original structure. And finally, between the end of the 19th-century and the beginning of the 20th, they began a gradual and systematic removal of these superfluous and incongruous accretions, restoring the original look and dignity to the exterior of the church.

The architectural structure

The floor plan of San Vitale immediately reveals the architect's singular spatial conception, expressed with bold volumetric imagination by superimposing two octagonal prismatic structures, one taller and more slender (33 meters in diameter), surmounted by a pyramidal tower roof that covers the cupola, and another larger and lower one (40 meters in diameter), including the ground floor with the perimetric ambulatory and the first floor composed of women's galleries. All that remains today of the large arcaded court is the narthex or ardica, with a little apse at each end (creating a forceps-shaped narthex) and positioned tangentially to one of the exterior corners of the octagon, in order to render the church accessible from two contiguous sides. At the opposite end of the church from one of the two entrances is located the presbytery, while from each side of the smaller inner octagon there opens an exedra divided into two triple-arched orders, one on top of the other and supported by two columns each. The high cupola, constructed with concentric rings of empty amphoras, is supported by a series of eight slender pilasters, between which, as already mentioned, are arranged large niches or semicircular exedras with double orders of columns.

The perimetric ambulatory is only interrupted in order to make room for the long presbytery, which has a rectangular shape and terminates in an apse which is semicircular from the inside and polygonal from the outside, surmounted by the triangular tympanum of the

9

7-9. Capitelli dell'ambulacro.

7-9. Capitals of the ambulatory.

dei riquadri in cui si situano, tagliate a filo, le ampie finestre circondate da arcate cieche. All'interno, la superba decorazione a mosaico del presbiterio, il rivestimento di marmi preziosi dalle varie tonalità nel resto della chiesa e le trine dei capitelli preziosamente lavorati a traforo determinano un incessante, fantastico gioco coloristico nel quale sembra dissolversi il peso delle strutture murarie. Mirabilmente fusa con la decorazione musiva e la raffinata qualità del paramento marmoreo e sculturale, l'architettura crea infatti incantevoli giochi di luce e di ombra, dando vita a uno spazio inquieto e dinamico che sembra estendersi all'infinito e che avvolge e proietta il visitatore in un'atmosfera divina.

I mosaici

Secondario, nonostante lo spessore qualitativo tutt'altro che trascurabile dell'affresco (opera di Serafino Barozzi, Ubaldo Gandolfi e Jacopo Guarana), è il significato della decorazione pittorica della cupola, realizzata alla fine del Settecento e dedicata alla *Gloria di san Vitale e san Benedetto*, mentre apice e coronamento concettuale, simbolico e ideologico dell'intera Basilica è la decorazione musiva, in cui spicca da protagonista il grande Giustiniano (imperatore dal 527, morto nel 565) assieme alla moglie Teodora (500 ca - 548), da lui sposata nel 525. I due pannelli che li raffigurano, benché scene profane, sono infatti sintesi visiva dei due poteri, spirituale e temporale, accentrati nella figura imperiale. In un grande ritratto collettivo appaiono qui le forze al governo della Chiesa e dello Stato nella Ravenna bizantina, forze di cui Giustiniano è il cardine politico, Teodora il fulcro, il vescovo e i comandanti degli eserciti gli strumenti. Tema dell'intero programma decorativo è il gesto dell'offerta che accomuna i due protagonisti, i

pitched roof. The bare exposed brick face of the exterior is punctuated by robust pilaster strips, with thicker ones in the corners, and a string course cornice halfway up that serves to divide the surfaces horizontally into two orders on the lower part, forming, together with the pilaster strips, squares into which large arched windows have been set flush with the exterior wall; on the outside of the upper part, the arched windows have been framed with blind arches. Inside, the superb mosaic decorations of the presbytery, the various tones of the precious marble surfaces found in the rest of the church and the delicate carved openwork patterns of the capitals create a fantastic chromatic effect that manages to imbue the heavy walls and support structures with an almost ethereal lightness. Wonderfully blended with the mosaic decorations and sophisticated quality of the marble panels and sculptural work, the architectural design creates enchanting contrasts of light and shadow, giving rise to a space that is both dramatic and dynamic, a space that seems to extend infinitely, enveloping and projecting visitors into a divine dimension.

The mosaics

Despite the considerable quality of the fresco (the work of Serafino Barozzi, Ubaldo Gandolfi and Jacopo Guarana), the significance of the pictorial decoration of the cupola, completed toward the end of the eighteenth century and dedicated to the Glory of St. Vitalis and St. Benedict, *is clearly secondary, while the apex and conceptual, symbolic and ideological crowning of the entire basilica is represented by the stunning mosaic decorations. The most outstanding of the mosaic decorations features the great Justinian (who became emperor in 527, and died in 565) together with his wife, Theodora (500 ca. - 548), whom he married in 525. The two panels that depict them, although secular in nature, actually constitute a sort of visual syntheses of the two principal powers in the cosmology of the period, the spiritual and the temporal, united in the figure of the emperor. This great group portrait depicts both the powers that ruled the church and those that governed the Byzantine state of Ravenna, a complicated system of power in which Justinian represented the very foundation of political power, Theodora the fulcrum and the bishop and commanders of the armies the instruments. The subject and focus of the entire decorative*

10

11

quali, offrendo calice e patena nel gesto della *Oblatio Augusti et Augustae*, si pongono come ideali continuatori delle scene veterotestamentarie raffigurate nelle lunette, allusive al motivo del sacrificio. Alla liturgia eucaristica sembrano altresì preludere, nell'intradosso dell'arcone di accesso al presbiterio, le *imagines clipeatae* dei dodici Apostoli che si dispiegano ai lati del busto di Cristo, cui si aggiungono Gervasio e Protasio, presunti figli di san Vitale.

Nella zona absidale l'immagine che subito cattura l'attenzione del visitatore è la grande Teofania del catino, in cui campeggia il trionfo del regno di Cristo che siede sul globo come Re dell'Universo reggendo il libro dei sette sigilli. Lo affiancano due angeli biancovestiti con un aureo baculo viatorio in funzione di guardie del corpo, oppure di *silentiarii* di corte. Alla destra di Cristo vi è san Vitale nell'atto di ricevere la corona del martirio; dalla parte opposta il vescovo Ecclesio offre al Redentore il modello della chiesa. L'intera scena si svolge in un paesaggio paradisiaco cosparso di fiori e scandito da due file di rupi da cui sgorgano i quattro fiumi del Paradiso. L'immensa distesa aurea del fondo colloca la rappresentazione – in cui cerimoniale liturgico e imperiale mirabilmente si fondono secondo i canoni dell'arte bizantina – in una dimensione al di fuori del tempo e dello spazio.

Il programma iconografico che si sviluppa sulle pareti del presbiterio e della zona absidale di San Vitale presenta pertanto un carattere quanto mai unitario, correlato alla storia della salvezza dell'umanità, al sacrificio pasquale e al mistero eucaristico, motivi sui quali si innesta un preciso significato religioso volto a sottolineare il dogma trinitario e quello della duplice natura di Cristo. Ma oltre a questo significato, connesso al rito dell'offerta, i due pannelli con i cortei imperiali ne sottendono anche uno più specificamente

scheme is the gesture of offering displayed by both of the two main protagonists, who by offering the chalice and paten, recalling the act of Oblatio Augusti et Augustae, *are shown to embody a symbolic continuation of the Old Testament scenes illustrated in the lunettes, alluding to the theme of sacrifice. On the intrados of the triumphal arch at the entrance to the presbytery one finds the* imagines clipeatae *of the twelve Apostles, who, along with Gervasius and Protasius, the alleged sons of St. Vitalis, are arranged in a descending manner from the bust of Christ, shown at the top of the arch. This composition also refers to the eucharistic liturgy.*

The image that immediately captures the visitor's attention upon entering the apse area is that of the large Theophany scene found on the conch or semidome depicting the triumph of the reign of Christ, Who is seated on the celestial globe as King of the Universe and holding the Book of the Seven Seals. He is flanked by two angels dressed in white and holding golden wayfarer walking sticks; they are there as both bodyguards and court silentiarii *(ushers). To the right of Christ stands St. Vitalis in the act of receiving the martyr's crown; on the opposite side we see Bishop Ecclesius who is offering the Redeemer the model of the church. The entire scene takes place in a paradisiacal landscape of meadows and flowers, beneath which are represented two rows of stylized cliffs from which the four rivers of paradise spring. The rich gold depth of the background clearly places this representation in a dimension that is beyond time and space.*

The rich iconographic scenes that have been developed on the walls of the presbytery and the apse area of San Vitale are distinguished by a very coherent unity of purpose, depicting the story of the salvation of humanity, the Easter sacrifice and the mystery of the Eucharist, themes that represent the basis of a precise religious

12

13

10, 11. Capitelli del presbiterio.

12. Cappella di destra.
Fronte del sarcofago del Vescovo Ecclesio.

13. Cappella di sinistra. Altare.

10, 11 *Capitals of the presbytery.*

12. *Right-hand chapel.*
Front of Bishop Ecclesius's sarcophagus.

13. *Left-hand chapel. Altar.*

politico: essi infatti si pongono come affermazione del potere imperiale e riflesso dei rapporti intercorrenti fra la corte di Bisanzio e la Chiesa di Ravenna, nonché come un'affermazione del ruolo e del potere del vescovo Massimiano in questo periodo.

Per la genialità della pianta, la sfavillante cromia dell'apparato musivo, la ricchezza di prospettive cui dà luogo la disposizione a raggiera, tale da moltiplicare all'infinito i punti di vista, San Vitale è dunque tra le più compiute espressioni del gusto architettonico e decorativo del mondo bizantino, qui pervenuto a un esito di mirabile sintesi.

message aimed at underscoring the dogma of the Holy Trinity and the double nature of Christ. But beyond this meaning, connected with the concept of the ritual offering, the two panels with the imperial retinues also resonate with a more specifically political significance: as a matter of fact, they serve as an affirmation of imperial power and a reflection of the relationship between the court of Byzantium and the Church of Ravenna, not to mention an affirmation of the role and power of Bishop Maximianus during this period.

Thanks to the geniality of its layout, the brilliant colors of its mosaic decorations and the richness of prospective created by the pinwheel arrangement of the interior, designed to create an illusion of infinite space, San Vitale constitutes one of the most exquisite expressions of Byzantine architecture and decorative arts, deftly united in a marvelous synthesis.

Spaccato prospettico
di San Vitale
(Studio Imhotep, Ravenna).

Perspective section
of San Vitale
(Studio Imhotep, Ravenna).

L'esterno
The exterior

Tanto semplice e austero all'esterno, quanto prezioso all'interno, l'edificio presenta una struttura architettonica articolata in due corpi prismatici ottagonali sovrapposti: uno più alto e stretto (diametro m 33) sormontato da un tetto piramidale e inglobante la cupola, uno più largo e basso (diametro m 40) comprendente il pianterreno con ambulacro perimetrale e il primo piano costituito dai matronei. Su un lato si trova il nartece o ardica e all'altra estremità il presbiterio, chiuso da un'abside e affiancato da due piccoli ambienti absidati. L'articolazione dell'architettura esterna, in cui il ritmo dei volumi si esalta nella sovrapposizione dei due corpi ottagonali, viene inserita in un armonioso reticolato di linee verticali e orizzontali entro cui "giocano" le linee curve delle finestre.

The exterior of the Basilica of San Vitale *is as simple and austere as the interior is ornate. The architectural scheme is deployed in two octagonal, prismatic structures superimposed one upon the other. The first is taller and more slender (33 meters in diameter) and is surmounted by a pyramidal roof that surrounds the cupola; the other is larger and shorter (40 meters in diameter) and encompasses both the ground floor, with its perimetric ambulatory, and the second floor where the women's galleries are located. The narthex or ardica lies on one side; the presbytery, which terminates in an apse and is flanked by two small apse annexes, is on the other. The articulate external architecture, in which the rhythmic use of space is intensified by the juxtaposition of the two octagonal structures, is all of one piece with a harmonious reticulation of vertical and horizontal lines that engage playfully with the curvature of the windows.*

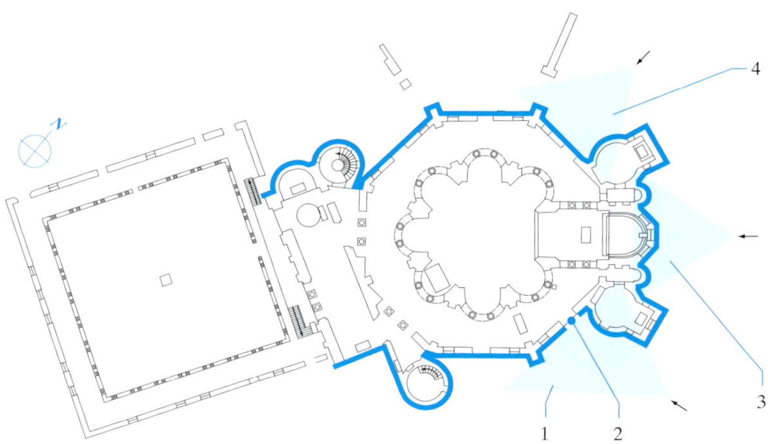

1. La Basilica con l'ingresso rinascimentale. 2. Il portale rinascimentale. 3. L'abside. 4. La Basilica vista da nord.

1. *The Basilica with the Renaissance entrance. 2. Renaissance portal. 3. The apse. 4. The Basilica seen from the north.*

1. **La Basilica con l'ingresso rinascimentale.** La costruzione si differenzia dagli altri edifici della Ravenna paleocristiana e dell'Occidente per la peculiare cortina muraria, costituita da mattoni lunghi e sottili. Notevole, nonostante la mole, è lo slancio verticale della chiesa i cui muri perimetrali sono alti 16 metri circa a partire dal suolo (che si trova a 20 cm sul livello del mare) mentre il tamburo, spesso 1,20 metri, si innalza per altri 9 metri.

1. ***The Basilica and its Renaissance entrance.*** *The Basilica's construction may be distinguished from other early Christian buildings in Ravenna and in the West by its unusual curtain wall, formed of wide, thin bricks. The building's mass notwithstanding, the Basilica's vertical momentum is notable: its external walls soar approximately sixteen meters above the ground (which stands at 20 cm above sea level) while its 1.2-meter-thick drum rises for another nine meters.*

2

2. **Il portale rinascimentale.**
Gli elementi decorativi e la forma del portale, per il quale sono stati usati marmi policromi certamente di reimpiego, rimandano al XVI secolo e con ogni probabilità sono da riferirsi a maestranze locali.

3. **L'abside.**
A nord-est si innalza importante l'abside, che interrompe la sobria orditura dell'esterno con una ricca articolazione di linee e di volumi cubici, emisferici e poligonali.

2. ***The Renaissance portal.***
The decorative elements and the shape of the portal, featuring polychromatic marbles salvaged from other monuments, date to the sixteenth century and were very likely the work of local artisans.

3. ***The apse.***
The apse rises in the north-east corner, relieving the stark and sober simplicity of the external walls in a rich play of lines, cubes, hemispheres, and polygons.

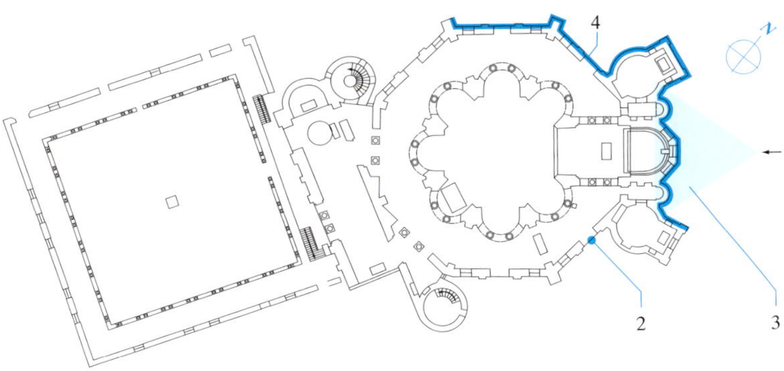
4
N
2
3

4. **La Basilica vista da nord.**
Nel corpo ottagonale inferiore, in corrispondenza degli spigoli, si innalzano possenti contrafforti culminanti con un timpano triangolare, mentre ogni lato viene scandito da due lesene che salgono sino a un cornicione sporgente sotto il tetto, profilato da una doppia fascia a denti di sega. Un'analoga cornice corre inoltre orizzontalmente in corrispondenza della linea di demarcazione fra pianterreno e matronei. La superficie muraria è interrotta dalla presenza di ampie finestre che si aprono sia in ogni lato del tamburo, circondate da arcate cieche, sia nei due piani dell'ottaedro inferiore.

4. ***The Basilica seen from the north.***
The corners of the lower octagonal structure are reinforced by massive buttresses that culminate in a triangular tympanum. Each side is punctuated by two pilaster strips that rise to a cornice which protrudes from beneath the eaves and is edged in a double saw-toothed fascia. A cornice of corresponding design also runs horizontally at the separation between the ground floor and the women's galleries, above. The plain surface of the brick walls is relieved by large windows that open from every side of the drum, where they are framed by blind arches, as well as from the two floors of the octahedron below.

Il chiostro grande

The large cloister

Il cosiddetto "secondo chiostro" o "chiostro grande" è il momento architettonico più significativo del complesso benedettino di San Vitale, un vasto insieme di corpi di fabbrica sviluppatisi attorno alla chiesa a partire dal X secolo fino al Settecento; esso occupa all'incirca l'area del primitivo quadriportico e con il lato orientale insiste sull'ardica stessa di San Vitale. La sua costruzione rientra nel programma cinquecentesco di espansione del convento, legato al momento di grande prosperità economica che seguì la sua annessione alla potente congregazione di Santa Giustina di Padova. Nel 1562 infatti i libri della fabbrica del monastero di San Vitale registrano un pagamento per il "desegno del claustro nuovo et dormitorio et altre officine del monasterio" in favore di Andrea da Valle (ca 1500-1580), architetto di provenienza istriana che nel 1560 era proto di Santa Giustina a Padova, e che ebbe un ruolo di primaria importanza nella cultura edilizia di questa città.

The so-called "second cloister" or "large cloister" *is the most important architectural element of the Benedictine complex at San Vitale. It consists of a vast complex of buildings that gradually grew up around the church between the tenth and eighteenth centuries. This complex corresponds approximately to the area of the primitive colonnade, and its eastern side impinges upon San Vitale's ardica. Its construction was part of the sixteenth-century expansion of the convent, prompted by the period of great economic prosperity that followed its annexation to the powerful congregation of Santa Giustina in Padua. Indeed, in 1562, the registry books of the Monastery of San Vitale record a payment for the "design of the new cloister and dortour and other work rooms of the monastery" to Andrea da Valle (ca. 1500-1580), an Istrian architect who, in 1560, was the curator of Santa Giustina and was greatly influential in Padua's overall architectural culture.*

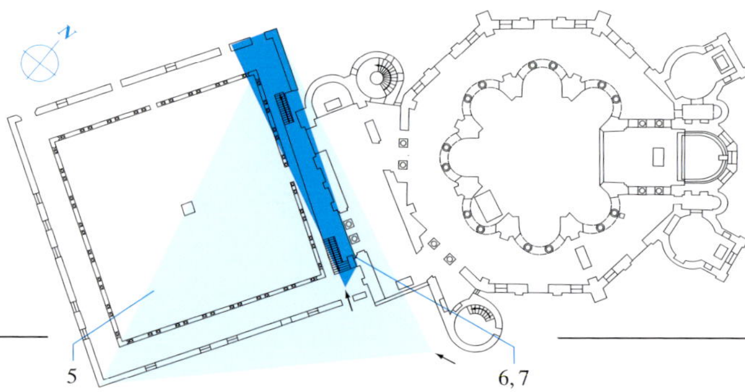

5. Il chiostro grande visto dal campanile.
6, 7. Il chiostro grande verso San Vitale.

5. *The large cloister seen from the bell town.*
6, 7. *The large cloister towards San Vitale.*

5. Il chiostro grande visto dal campanile.

5. *The large cloister seen from the bell tower.*

6

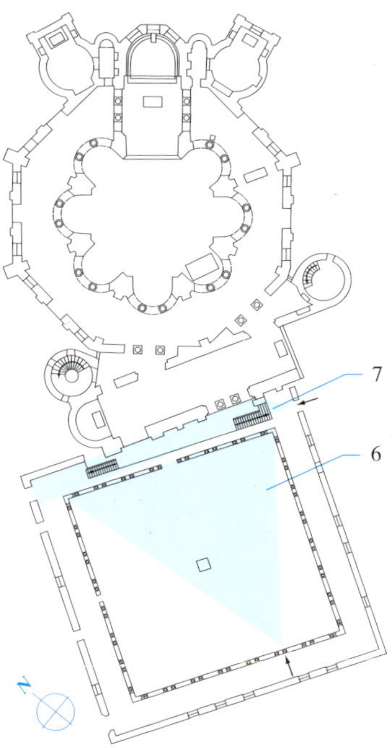

6, 7. **Il chiostro grande verso San Vitale.**
Ispirato ai disegni di Sebasiano Serlio e alle architetture del Bertani e del Palladio, il "chiostro grande" si presenta come un arioso portico su pianta quadrata, articolato su un sistema misto di archi alternati a trabeazioni piane, cioè su una sequenza di serliane, sette su ogni lato, impostate su colonne binate con capitelli corinzi lombardeschi; queste, a loro volta, poggiano su un muretto che si interrompe solo in corrispondenza dei quattro archi centrali.

6, 7. ***The large cloister towards San Vitale.***
Inspired by Sebastiano Serlio's designs and by the architecture of Bertani and Palladio, the "large cloister" is an arcaded court, square and airy, that features an alternating system of arches and flat entablatures. In essence, it is a sequence of Serlian arches, seven on each side, positioned upon twin columns that are surmounted by Corinthian capitals in the Lombardy style; these, in turn, rest upon a low wall that opens in correspondence to the four central arches.

L'ardica e i vestiboli

The ardica and the vestibules

L'ingresso alla chiesa è costituito da cinque portali rettangolari che si aggiungono ai due ricavati nel nartece. L'ingresso principale si trova all'interno dell'ardica, termine usato in particolare a Ravenna per indicare il portico della chiesa (o nartece) risultante dalla riduzione dell'atrio. In San Vitale, l'ingresso odierno, pur molto ampio, doveva essere in origine ancora più solenne, in quanto l'ardica – la cui disposizione costituisce un *unicum* nell'ambito dell'architettura bizantina – doveva essere preceduta da un grande quadriportico, sostituito nel secolo X da un chiostro benedettino e quindi nel XVI secolo dall'attuale, opera di Andrea da Valle. Tale nartece presenta la particolarità di non aderire al lato dell'ottagono opposto all'abside, bensì a uno spigolo, così che tra esso e i due contigui lati dell'ottagono si trovano due vestiboli triangolari all'estremità dei quali sono ricavate le torri scalarie, che permettevano in origine di accedere ai matronei. Tali vestiboli si configurano come ambienti di passaggio tra ardica ed edificio vero e proprio.

***The entrance of the Basilica** is composed of five rectangular portals in addition to two others in the narthex. The main entrance is within the ardica, a term used in Ravenna to indicate a porch or narthex, in this case created by the reduction of the atrium. Although the current entrance to San Vitale is large, it must originally have been even more imposing. The ardica, that is, whose form is unique in Byzantine architecture—must once have been preceded by a large colonnade. This was replaced by a Benedictine cloister in the tenth century and, in the sixteenth century, by the current work created by Andrea da Valle. Its "forceps-shaped" design is unusual because the ardica is not attached to the side of one of the octagons of the apse, but rather to a corner of the perimeter wall. Between this corner and the two contiguous sides of the octagon one finds two triangular vestibules. At the far end of each of these a stair tower is located, which originally provided access to the women's galleries. These vestibules were designed to serve as passageways between the ardica and the building proper.*

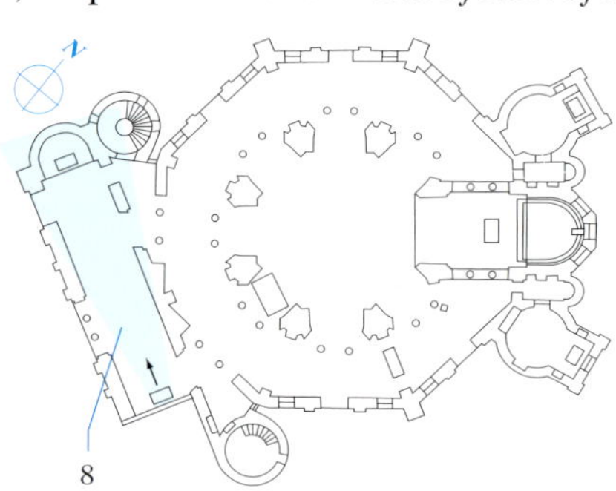

8. L'ingresso alla Basilica dall'interno dell'ardica. / 8. *The entrance to the Basilica, inside the ardica.*

L'ambulacro

The ambulatory

Fra gli alti pilastri e il muro perimetrale gira intorno all'edificio l'ambulacro, che costituisce una vera e propria navata anulare, in cui si allargano le esedre e l'ombra si addensa con piacevoli effetti di chiaroscuro. Originariamente coperto da un soffitto ligneo, forse a lacunari, come sembra si possa vedere nel pannello imperiale di Giustiniano, esso dovette essere sostituito, probabilmente in età medievale, dall'attuale volta a crociera, con un'operazione architettonica che dovette portare contemporaneamente anche alla costruzione dei grandi contrafforti esterni, innalzati per controbilanciare le spinte delle volte oltre che per motivi di statica generale.

Between the tall pilasters *and the external walls, the ambulatory winds its way around the building, constituting a veritable circular nave, regularly indented by the exedræ, creating an evocative play of light and shadow. Originally covered by a wooden roof, perhaps coffered, as the imperial Justinian panel in the apse appears to indicate, the ambulatory was likely replaced by the current cloistered vault, probably during the Middle Ages. Such an operation would have required a major architectural overhaul that would also have meant the addition of external buttresses, which were raised both to bear the stress of the heavy vaults as well as to respond to other, general engineering considerations.*

9. **La prima campata dell'ambulacro.**
Al termine della campata si scorge un interessante sarcofago risalente al secondo decennio del v secolo. Un'iscrizione sul coperchio, in greco nella parte anteriore e in latino in quella posteriore, menziona e celebra l'esarca Isacio, di origine armena, rimasto in carica a Ravenna per diciotto anni e morto intorno al 643.

9. ***The first bay of the ambulatory.***
An interesting sarcophagus, which dates to the beginning of the fifth century, lies at the end of the bay. The inscription on the lid – written in Greek on the front and in Latin on the rear – celebrates the Exarch Ysaacius, Armenian in origin, who served in Ravenna for eighteen years; Isaac died around the year 643.

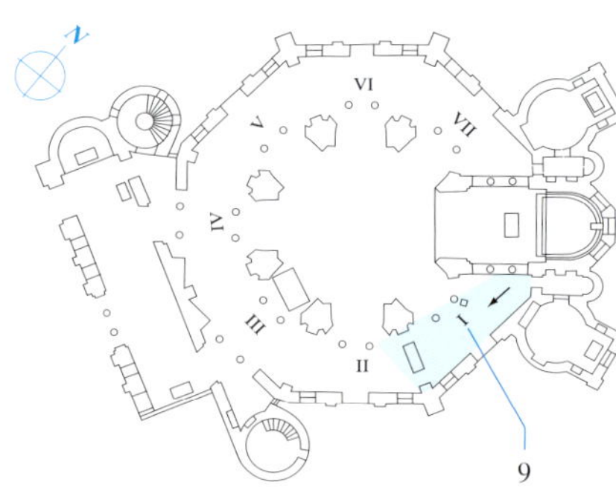

10

10-13. **L'ambulacro.**
Nella quarta e nella quinta campata dell'ambulacro si coglie l'arioso andamento di questa parte della basilica, ricca di decorazioni musive, paramenti marmorei e frammenti di affresco di epoche diverse. La prima e la settima campata si aprono sul presbiterio.

10-13. ***The ambulatory.***
The fourth and fifth bays of the ambulatory capture the harmonious flow that characterizes this section of the Basilica, rich in mosaic decorations, marble facings, and fragments of fresco work from across the ages. The first and seventh bays open into the presbytery.

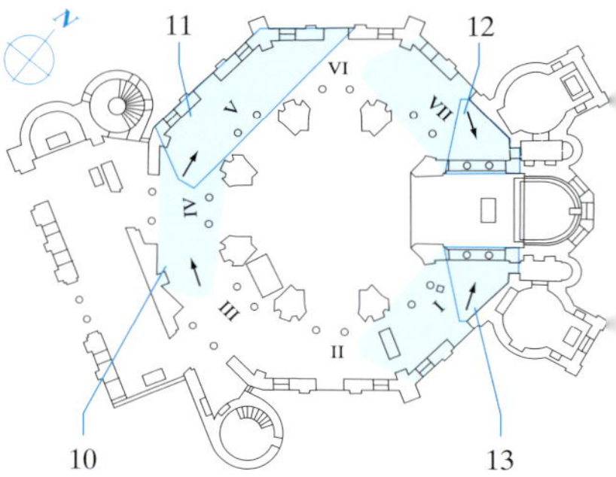

MELCHISEDEC

I matronei

The women's gallery

Al di sopra dell'ambulacro si innalzano i matronei, alleggeriti da trifore secondo una concezione architettonica tipica del vicino Oriente. Di altezza inferiore a quella del pianterreno, come confermano le dimensioni delle colonne (4,70 metri di altezza contro 5,10 metri), presentano una copertura a crociera risalente con molta probabilità al periodo medievale. Particolare interesse presentano i *pozzi tesorari*, ossia nicchie senza fondo ricavate nelle pareti dei matronei per occultare oggetti preziosi in caso di guerre, assedi e saccheggi. In origine, queste aperture dovevano essere nascoste da lastre di marmo di cui tuttavia non si è trovata traccia.

The women's galleries *are located above the ambulatory, where three-lighted bays in a typically Near Eastern architectural design, open onto the rest of the Basilica. Here, the ceilings are lower than those on the ground floor, as the dimensions of the columns confirm (4.7 meters in height vs. 5.1 meters), and feature cloistered vaults that very likely date to the Middle Ages. The* pozzi tesorari, *bottomless niches carved into the walls of the women's galleries for the purpose of hiding precious objects in the event of war, siege, or looting, are of particular interest. Originally, these openings must have been hidden behind marble slabs, though no trace of them has been found.*

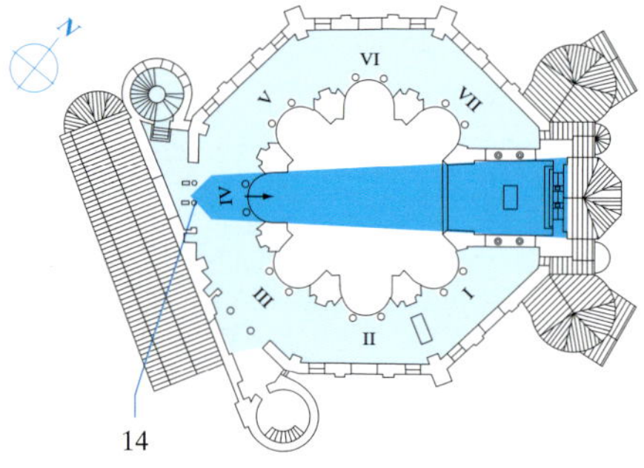

14. **La quarta campata dei matronei.**
In questa zona della Basilica, aperta sulla visuale del presbiterio, svettano due splendide colonne con capitelli compositi.

14. ***The women's galleries. Fourth bay.***
This section of the Basilica, which offers a view of the presbytery, is graced by two splendid columns with composite capitals.

15

15, 16. **Le trifore dei matronei.**
Le alte ed eleganti colonne di marmo bianco-grigio delle trifore, probabilmente importate dall'Oriente, sono sormontate da raffinati capitelli a forma di piramide tronca rovesciata, secondo un modello nato a Costantinopoli all'inizio del VI secolo e diffusosi poi velocemente in sostituzione del capitello corinzio. Dai parapetti delle trifore, la vista spazia sui mirabili mosaici del presbiterio, consentendo di apprezzare soprattutto le ieratiche figure vestite di bianco dei quattro evangelisti.

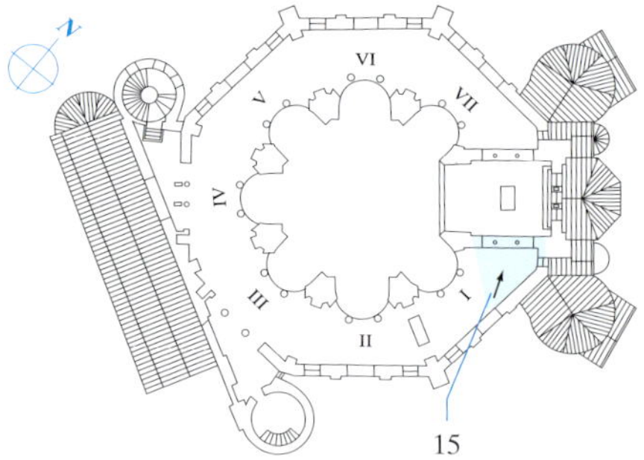

16

15,16. ***The women's galleries. The three-lighted bays.*** *Tall, elegant columns in grayish-white marble, likely imported from the Orient, stand before the three-lighted bay openings. The columns are surmounted by sophisticated capitals, in the form of an upside-down, truncated pyramid; they reflect a style that originated in Constantinople at the beginning of the sixth century and which quickly replaced the Corinthian capital. From the railing below, the marvelous presbytery mosaics come into view as do, in particular, the hieratic, white-clad figures of the four apostles.*

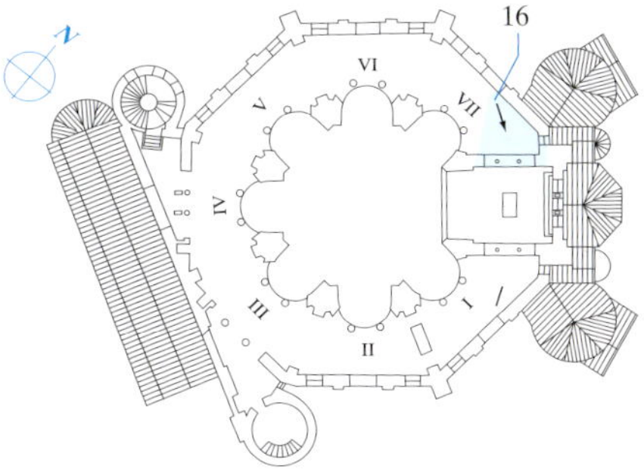

L'aula centrale

The central chamber

Per le sue peculiarità architettoniche, San Vitale si può considerare un monumento chiave non solo di Ravenna, ma della stessa religiosità bizantina. All'interno della basilica l'architettura, mirabilmente fusa con la decorazione marmorea e musiva, crea infatti una sensazione di illimitata spazialità, suscitando nell'osservatore l'impressione di essere avvolto e proiettato in un'atmosfera divina. Lo spazio non appare delimitato da pareti ma si estende all'infinito in tutte le direzioni – nelle esedre, nell'abside ricoperta da mosaici e nella cupola – in ossequio a quell'esigenza di interiorità e di proiezione del mondo divino a cui all'epoca di Giustiniano si assommano le esigenze propagandistiche del potere imperiale. Se la pianta ottagonale si riallaccia a numerosi edifici del vicino Oriente, peculiari di San Vitale sono il serrato succedersi dei pieni e dei vuoti, il ritmico gioco della arcate, la scenografia prospettica degli ambulacri avvolti dall'ombra, tutti elementi che danno vita a un potente effetto chiaroscurale ricevendo inoltre un notevole ritmo verticale dalla dinamica spaziale creata dall'alta cupola.

San Vitale's unique architectural features *render it a signal monument, not solely in the context of the city of Ravenna but in terms of Byzantine religious sensibility more generally. Inside the Basilica, the architecture merges magnificently with the marble work and mosaic decorations, creating a feeling of unlimited spaciousness and evoking in the observer the sensation of being projected into the sublime. The interior space does not appear to be enclosed within walls, but rather to extend infinitely in all directions – into the exedræ, across the apse and its mosaics, into the cupola. All of this, of course, was consonant with a desire to emphasize interior life and to represent the divine world, an objective that combined handily with the propagandistic political requirements of the Justinian period. San Vitale is unique for its serried succession of open and filled spaces, the rhythmic play of its archways, and the theatricality of its shaded ambulatories – elements which, taken together, contribute to a potent chiaroscuro effect and to the striking vertical thrust of the space created by the cupola high above.*

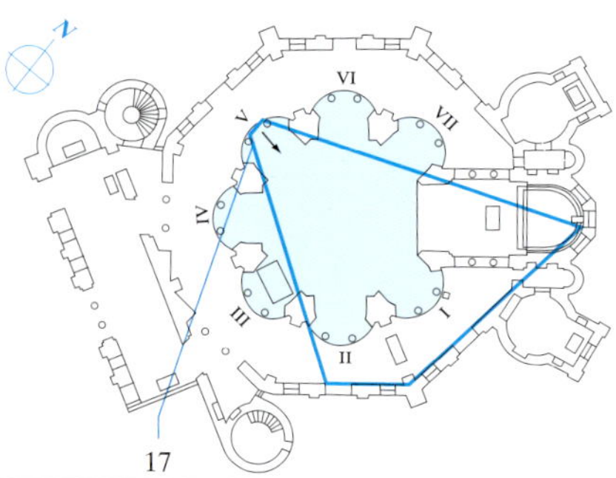

17. **L'aula centrale vista da ovest.**
Lo scorcio mostra l'effetto di articolata e multiforme spazialità dell'interno.

17. ***The octagon seen from the west.***
This view shows the feeling of articulated and multiform spaciousness of the interior.

18

18, 19. **L'aula centrale verso nord-ovest e verso l'ardica.**
I due scorci consentono di cogliere il gioco di pieni e di vuoti del complesso, dove il ripetersi degli archi crea un andamento mosso e leggero che sembra annullare il peso della costruzione volgendone i volumi in una dimensione quasi soprannaturale. Grande protagonista è la luce, che penetrando da diverse angolazioni determina un gioco chiaroscurale dagli effetti imprevedibili.

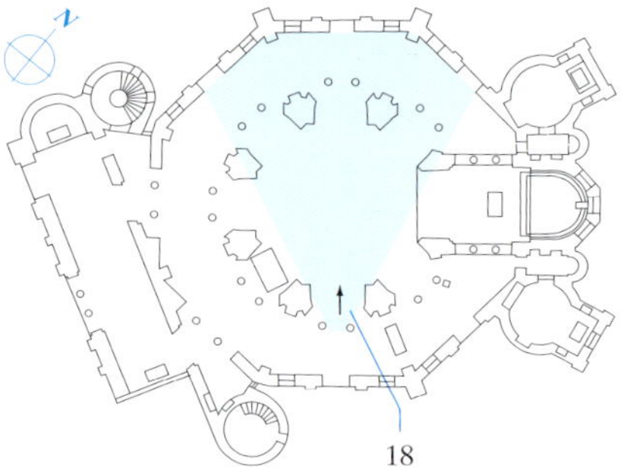

19

18, 19. ***The central chamber towards the northwest and the ardica.***
These two views make clear the interplay between open and filled space. The succession of arches produces a light, animated dimensional flow that appears to deny the building's mass and transforms it into a nearly supernatural space. The role of light here is key: as light enters from various angles, unpredictable chiaroscuro effects become visible.

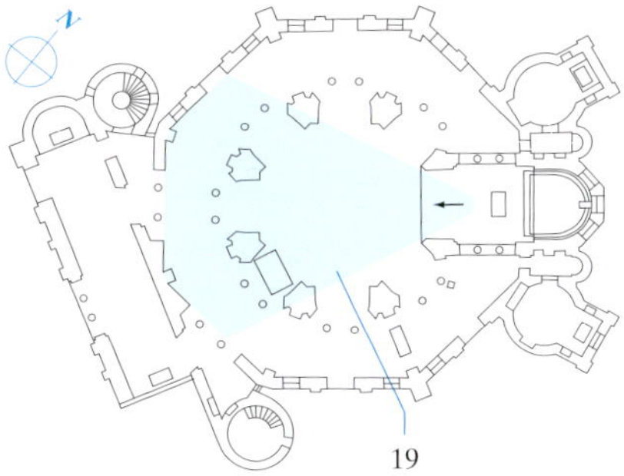

La cupola
The cupola

La cupola, che si innalza solenne sui pilastri con un diametro di 16 metri, presenta un particolare interesse dal punto di vista architettonico poiché è formata da elementi di terracotta di forma tubolare, disposti orizzontalmente in due cerchi concentrici e digradanti verso l'alto. Questa tecnica permette alla cupola di librarsi con leggerezza, annullando al massimo le spinte orizzontali. La cupola e il tamburo sono raccordati da otto robusti pilastri trapezoidali, alti 13,50 metri e con un perimetro di m 11,70 circa, restaurati e rivestiti di marmo nel XIX secolo. In corrispondenza del pianterreno e dei matronei essi sono raccordati da un'elegante trifora, formando una corona di esedre che si aprono a guisa di fiore allargando lo spazio centrale.

The cupola rises majestically *on a base of pilasters sixteen meters in diameter and is of special architectural interest. It is built of a series of terracotta pipes or tubes arranged horizontally in two concentric circles, with the upper circle being smaller. This construction method made it possible to drastically reduce the weight of the cupola, eliminating as much horizontal stress as possible. The cupola and the drum are held up by eight robust trapezoidal pilasters which are 13.5 meters tall and approximately 11.70 meters at their perimeter; they were restored and covered with marble in the nineteenth century. At the level of the floor and the women's galleries they are connected by a system of elegant triple-arched openings, forming a corona of exedræ that open like the petals of a flower and expand the space of the central chamber.*

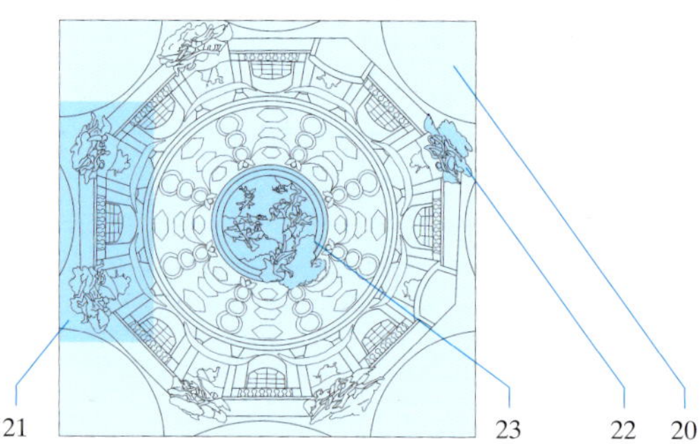

20. La cupola.
21, 22. Il tamburo.
23. La volta.

20. *The cuple.*
21, 22. *The drum.*
23. *The vault.*

20. **La cupola.**
Allo scadere dell'ottavo decennio del Settecento, i monaci benedettini chiamano l'ornatista Serafino Barozzi (1735-1810) "per dipingere da capo a fondo il celebre Tempio di San Vitale", mentre poco dopo gli affiancano il veneto Jacopo Guarana (1720-1808) e agli inizi del 1780 la scelta per l'autore delle figure cade su Ubaldo Gandolfi (1728-1781), pittore di splendido talento e salda cultura figurativa con cui il Barozzi aveva più volte operato a Bologna nel decennio precedente.

20. ***The cupola.***
Toward the end of the eighteenth century, the Benedictine monks summoned the ornamental artist, Serafino Barozzi (1735-1810), "to paint the celebrated Church of San Vitale from top to bottom." He was joined shortly thereafter by Jacopo Guarana (1720-1808). In early 1780, the extremely talented and experienced painter, Ubaldo Gandolfi (1728-1781), with whom Barozzi had worked often in Bologna during the previous decade, was chosen to carry out the figurative work.

21

21, 22. **Il tamburo.**
Particolarmente suggestive, alla base dei Santi e dei Profeti, le figure di *Angeli* in coppia, generalmente riferibili a Jacopo Guarana.

21, 22. ***The drum.***
Especially suggestive, below depictions of the Saints and Prophets, are the couple of Angels, *generally attributed to Jacopo Guarana.*

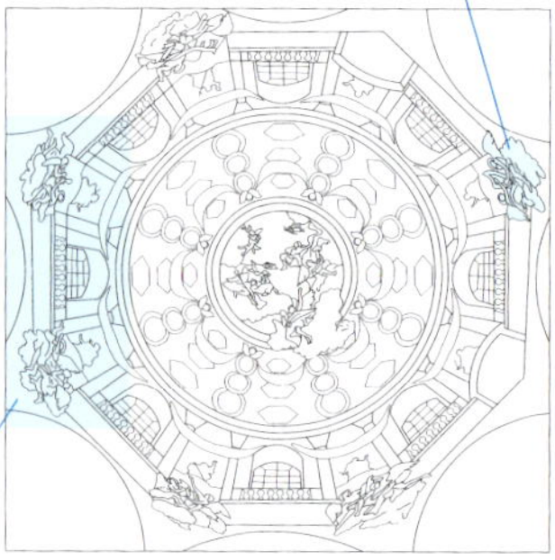

22

23. **La volta.**
Opera di collaborazione tra Barozzi, Gandolfi e Guarana, l'affresco sulla volta della cupola illustra *La gloria di san Vitale e san Benedetto*.

23. ***The vault.***
A collaborative effort by the artists Barozzi, Gandolfi, and Guarana, the fresco on the vault of the cupola illustrates The Glory of St. Vitalis and St. Benedict.

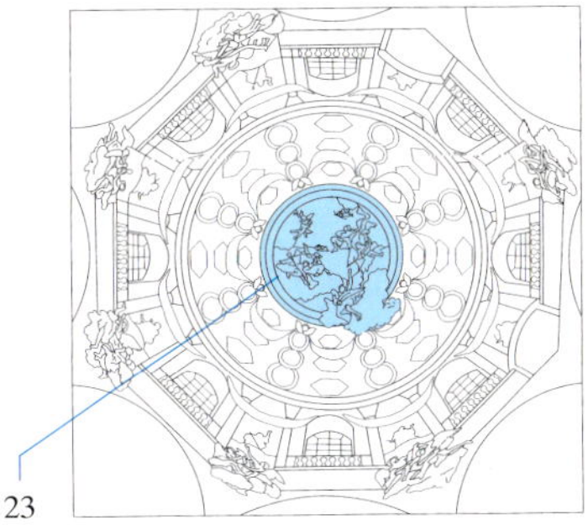

Il pavimento

The floor

Il pavimento dell'ottagono centrale, di fattura cinquecentesca, ha un'estensione di circa 200 metri quadrati. La decorazione è esclusivamente a motivi geometrici ed è eseguita secondo la tecnica dell'*opus sectile* accostando tessere marmoree di differente formato e dimensione. Da un occhio centrale si irraggiano gli spicchi trapezoidali, all'interno dei quali si aprono grandi ruote la cui decorazione si organizza nuovamente attorno a un disco centrale: in questo modo le singole parti richiamano, variandolo, il disegno complessivo dell'ottagono.

***The floor of the central octagonal chamber** covers a space of some 200 square meters. The floor decoration is composed exclusively of geometric patterns and was realized using the* opus sectile *technique, combining pieces of marble of different sizes and shapes. From a central disc, a series of trapezoidal wedges radiate outward; inside these wedges, large wheels revolve again around a central disc. Taken together, the individual parts reflect the octagonal design as a whole, introducing, at the same time, variations on the theme.*

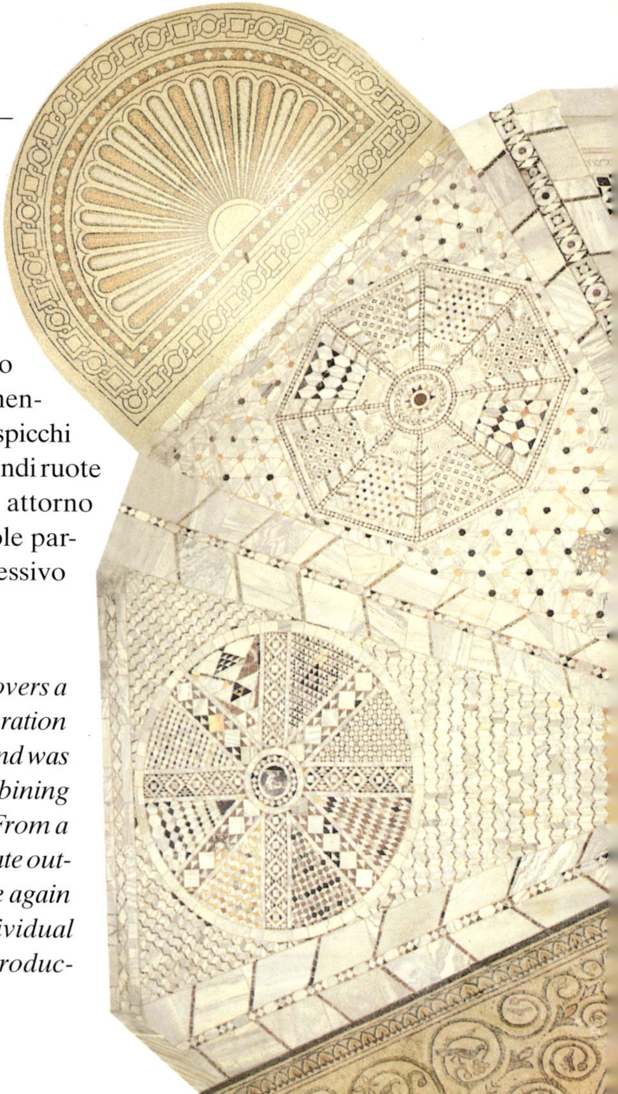

24

24. **Il pavimento.**
Il repertorio dei motivi geometrici della decorazione è basato su poche, semplici figure – triangoli, quadrati, losanghe e cerchi – combinate in motivi più complessi che si somigliano, senza essere mai uguali tra loro.

24. ***The floor.***
The repertoire of geometric motifs used in the decoration includes only a few, simple shapes – triangles, squares, lozenges, and circles – which are combined into more complex designs that resemble but never duplicate one another.

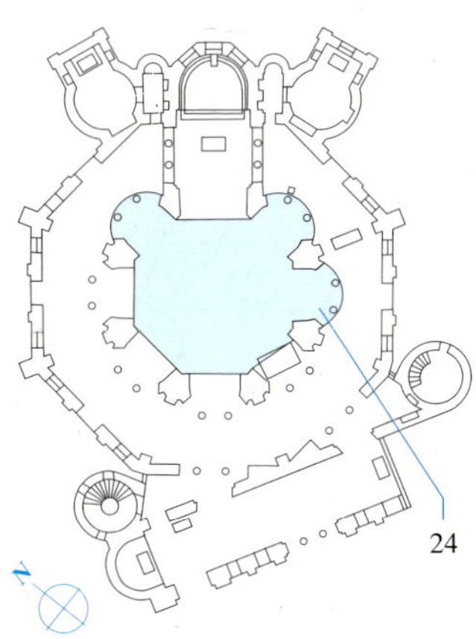
24

Il presbiterio
The presbitery

Tra le esedre che si aprono attorno all'aula centrale, si distingue per le maggiori dimensioni e la profondità, oltre che per la preziosa decorazione musiva, quella corrispondente al presbiterio e all'abside, ricca di oro e di colori. Un grande arco trionfale, sostenuto da due pilastri, introduce a tale zona, ricoperta da una volta a crociera in mattoni ed estesa in profondità per 15,90 metri. Il presbiterio raggiunge effetti di altissima suggestione non solo grazie ai mosaici, ma anche per le doppie trifore che alleggeriscono le pareti nord e sud. Ai lati del presbiterio i due pastofori, costituiti da un vano rettangolare absidato, probabilmente adibito a sagrestia, e da un ambiente circolare con possibile uso funerario.

***Among all the exedræ** that open around the perimeter of the central chamber, one stands out for its greater size and depth and for its lavish mosaic decorations: the presbytery with its apse, rich in gold and brilliant colors. The grand triumphal arch, supported by two pilasters, leads into the presbytery and is surmounted by a cloistered vault in brick that extends to a depth of 15.9 meters. Endowed with splendid mosaics and with double three-bay openings that lighten the north and south walls. This magnificent presbytery is exceptionally evocative. The presbytery' is flanked by two pastophoria with a first rectangular, apsidal room, probably adapted for use as a sacristy, and a circular area that may have had a funerary use.*

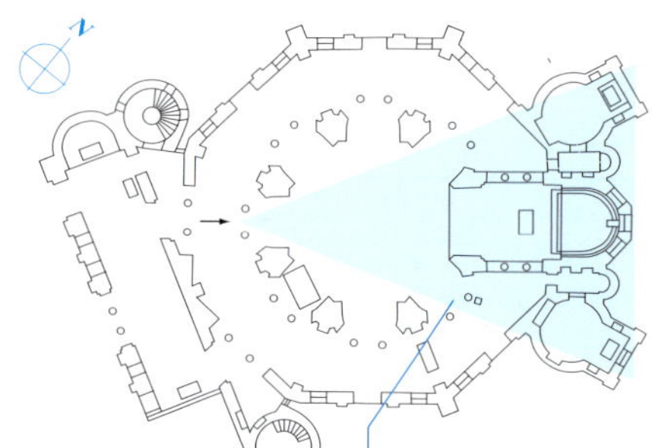

25. **Il presbiterio dall'aula centrale.**
Il programma iconografico del presbiterio ha un carattere quanto mai unitario, legato alla storia della salvezza dell'umanità e al mistero eucaristico. Esplicita anche l'allusione al potere imperiale come riflesso dei rapporti fra la Chiesa di Ravenna e la corte di Bisanzio.

25. ***The presbytery from the central chamber.***
The iconography of the presbytery, extremely coherent in its unity, reflects the story of the salvation of humankind and the mysteries of the Eucharist. The allusion to imperial power, as reflected in the relationship between the Catholic Church in Ravenna and the court of Byzantium, is explicit.

26

26, 27. **Il presbiterio verso est.** Il bellissimo pavimento del presbiterio, intarsiato a motivi cosmateschi, riprende ed esalta lo scintillante partito cromatico della decorazione musiva delle pareti, dando particolare evidenza alla sobria volumetria dell'altare. Ricomposto nel secolo scorso, l'altare consta di tre lastre marmoree su cui poggia una mensa in alabastro sostenuta da colonne.

26, 27. ***The presbytery towards the east.*** *The exquisite presbytery floor, inlaid in Cosmatesque motifs, picks up and extends the brilliant chromatic syntony of the wall mosaics, accentuating the stark volume of the altar. Reconstructed in the last century, the altar is composed of three marble slabs that support an alabaster mensa that is, in turn, sustained by columns.*

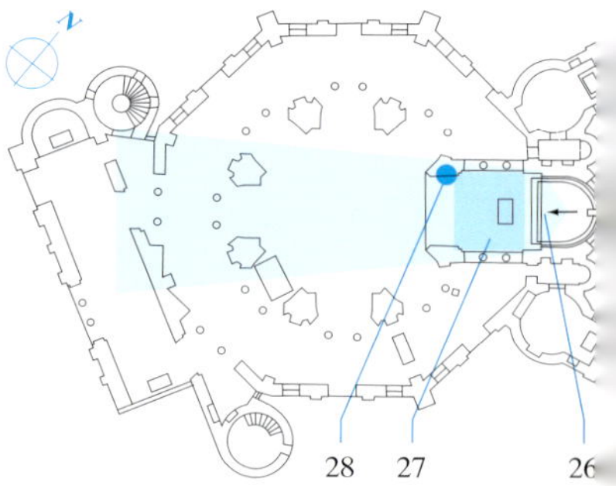

27

28. **Monumento seicentesco del Trono di Nettuno.**
Il rilievo, alto cm 76 e largo cm 154, presenta il medesimo soggetto di quello a destra del presbiterio: sulla sinistra due putti reggono una grande conchiglia, a destra un altro putto porta sulle spalle il tridente, simbolo di Nettuno, mentre fra i putti è visibile un trono finemente cesellato e coperto in parte da un drappo.

28. ***The seventeenth-century Throne of Neptune.***
The bas-relief (76 cm tall and 154 cm wide) depicts the same subject as does another to the right of the presbytery. On the left, two putti bear a large sea shell; on the right, another carries a trident, Neptune's symbol, on his shoulders. Between the putti, a finely engraved throne is seen, partly covered with a drapery.

28

IEREMIA

30

31

29. **La parete sinistra del presbiterio.**
Fulcro della decorazione è la lunetta in cui è raffigurato il sacrificio di Abramo, preceduto dall'annuncio della nascita di Isacco. Lo affiancano a sinistra il profeta Geremia e a destra due episodi della vita di Mosè.

30, 31. ***San Giovanni* e *San Luca***
Ai lati del triforio superiore i pannelli con gli evange-listi Giovanni e Luca, sormontati dai rispettivi simboli, un'aquila e un bianco vitello.

29. ***Left wall of the presbytery.***
The focus of the entire decorative scheme is the lunette depicting the sacrifice of Abraham, preceded by the announcement of the birth of Isaac. The lunette is flanked on the left by the prophet Jeremiah and on the right by two episodes from the life of Moses.

30, 31. **St. John *and* St. Luke**
At the sides of the upper triforium, panels depict the Apostles John and Luke, accompanied by their symbols, an eagle and a white calf, respectively.

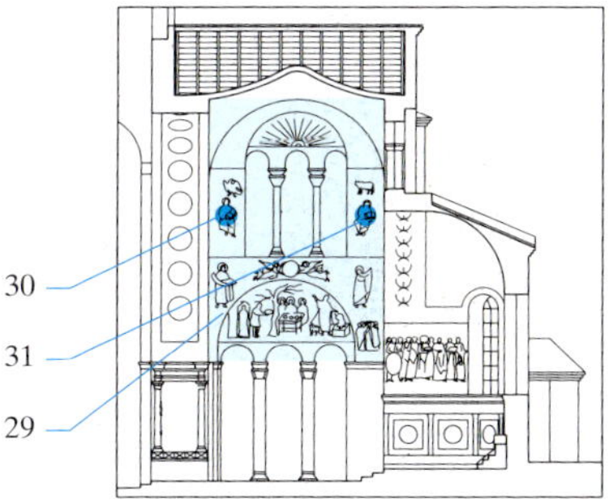

32. ***Geremia.***
Nello spazio adiacente alla lunetta, sulla sinistra, si trova il profeta Geremia, il quale visse tra il VII e il VI secolo a.C. e predisse la rovina di Gerusalemme da parte del re di Babilonia, ragione per cui fu malmenato. La sua profezia comunque si avverò nel 597 ad opera del re Nabucodonosor. L'immagine del profeta, concepita secondo un canone iconografico tipicamente bizantino, si staglia sullo sfondo di una bassa architettura in forma di esedra che ne sottolinea ed enfatizza la figura.

32

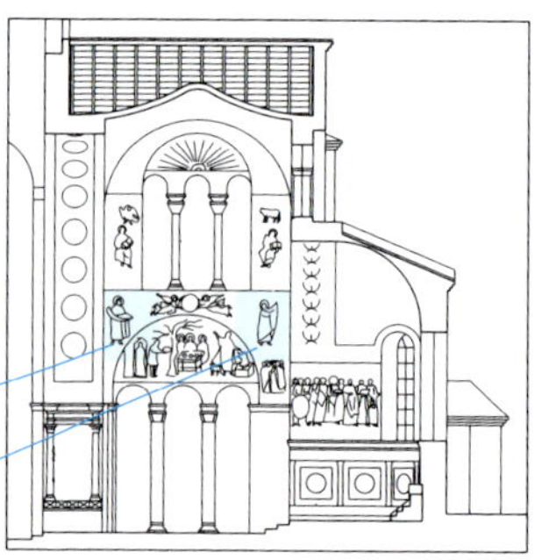

32

33

32. ***Jeremiah.***
In the space adjacent to the lunette, on the left, one finds the Prophet Jeremiah. Jeremiah, who lived between the seventh and the sixth centuries BC, prophesied the destruction of Jerusalem by the king of Babylon, for which he was persecuted. His prophecy nonetheless came to pass in 597 when King Nebuchadnezzar besieged the city. The image of the Prophet, conceived in accordance with standard Byzantine iconography, stands out against a background composed of an element in the form of an exedra which further highlights the figure.

33

33. ***Mosè riceve la Legge sul monte Sinai.***
Sullo sfondo del monte Sinai, si erge con ieratica solennità la figura di Mosè, il quale sta per ricevere dalla *Dextera Dei* il rotolo della Legge, ma non dovendo vedere la mano di Dio, secondo l'ordine ricevuto, volge il capo all'indietro.

33. **Moses receiving the Law on Mount Sinai**.
Standing out sharply against the background of Mount Sinai, Moses emerges with hieratic solemnity as he prepares to receive the Scroll of Laws from the Dextera Dei *(the right hand of God). Because he had been ordered not to look directly at the hand of God, he turns his head away.*

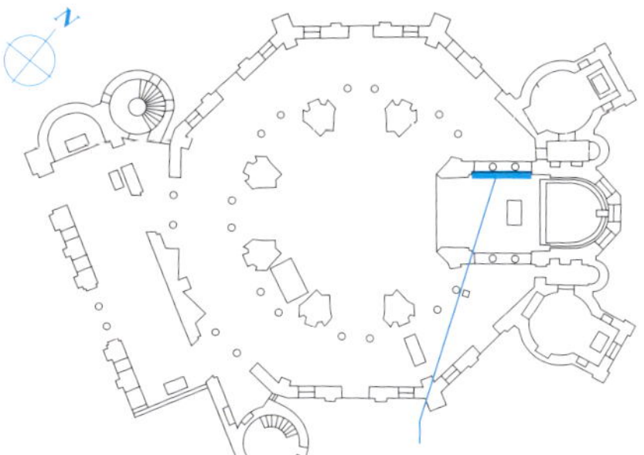

32, 33

34

34. **Lunetta con episodi della vita di Abramo.**
La scena, tratta da due passi della *Genesi* (17,2-14; 22,2-13), raffigura due episodi della vita di Abramo connessi coi temi dell'offerta e del sacrificio eucaristico.
Qui Abramo offre un vitello ai tre angeli giunti ad annunciargli la prossima nascita di un figlio, mentre Sara, sulla soglia di una rustica capanna, ha un sorriso incredulo sulle labbra.
Il momento successivo della scena ci mostra i tre angeli seduti dietro un tavolo sotto la quercia di Mambre. Davanti a loro stanno tre pani schiacciati di forma circolare, sui quali compare un segno di croce. Nella scena del sacrificio, il patriarca è rappresentato in tutta la sua solennità mentre alza la spada con lo sguardo al cielo per colpire a morte il figlio. In basso, un agnello è pronto a prendere il posto di Isacco sull'ara sacrificale.

34. ***Lunette with episodes from the life of Abraham, detail.***
The scene, drawn from two passages in Genesis *(17:2-14 and 22:2-13), depicts two episodes from the life of Abraham that are associated with the themes of offering and of Eucharistic sacrifice.*
Here, Abraham offers a calf to the three angels who have come to announce to him the imminent birth of a son. Sarah, meanwhile, stands at the threshold of a rustic cottage with an incredulous smile on her lips.
Here, the moment following the announcement is shown. The three angels are seated at a table beneath the Oak of Mambre; on the table before them are arranged three flat, round loaves of bread on which the sign of the cross appears. In the scene depicting the sacrifice, the patriarch is represented in all his solemn majesty as he raises his sword, his eyes directed toward heaven, and prepares to inflict a mortal blow upon his son. Below, a lamb stands ready to take Isaac's place upon the sacrificial altar.

35

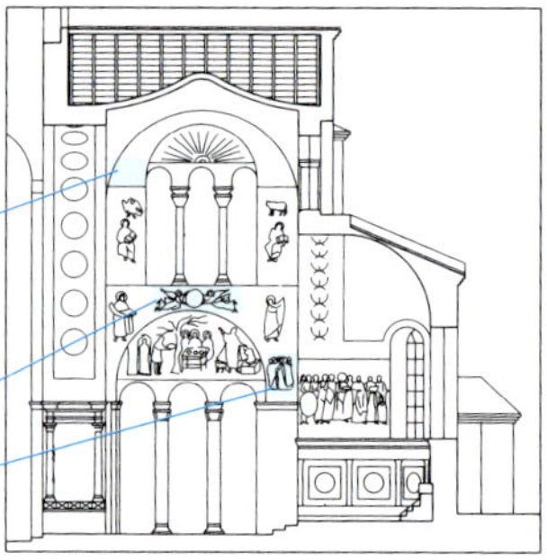

37
36
35

35. ***Gli israeliti ai piedi del monte Sinai.***
La scena, che ha dato adito a svariate interpretazioni, mostra il popolo e i sacerdoti di Israele, i quali, dovendosi purificare, non possono salire sulla montagna sacra.

35. **The Israelites at the foot of Mount Sinai.**
This scene, which has given rise to a number of different interpretations, shows the people and priests of Israel, who, until they have undergone purification, cannot ascend the holy mountain.

36. **La parete sinistra del presbiterio.**
Sopra la lunetta due angeli-vittorie alate reggono un clipeo contenente la croce da cui pendono due Ω, tema di carattere glorificante di derivazione classica.

37. **La parete sinistra del presbiterio, particolare.**
Il tralcio di vite e il cantaro con le colombe sono motivi simbolici allusivi al tema della redenzione.

36. ***Left wall of the presbitery.***
Above the lunette two winged victory angels a clipeurs, or shield, containing the cross from which are suspended two Ω's, a typical glorifacation decive of classic derivation.

37. ***Left wall of the presbitery, detail.***
The grape vines and the kántaros *with doves are symbols that allude to the teme of redemption.*

MOSE
ISAIAS
ABEL
MELCHISEDEC
SEC VN DVM
MAR CVM

39

40

38. **La parete destra del presbiterio.**
Nella lunetta di destra sono raffigurati i sacrifici di Abele e Melchisedech che prefigurano, al pari di quello di Abramo, il sacrificio di Cristo per la redenzione dell'umanità.

39, 40. ***San Matteo* e *San Marco.***
Ai lati del triforio superiore i pannelli con gli evangelisti Matteo e Marco, sormontati dai rispettivi simboli, un angelo e un leone.

38. ***The right wall of presbytery.***
In the right lunette, the sacrifices of Abel and Melchizedek are shown. They prefigure, as does the depiction of Abraham, Christ's sacrifice for the redemption of humankind.

39, 40. **St. Matthew *and* St. Mark.**
At the sides of the upper triforium, panels depict Apostles Matthew and Mark, surmounted by their symbols, an angel and a lion, respectively.

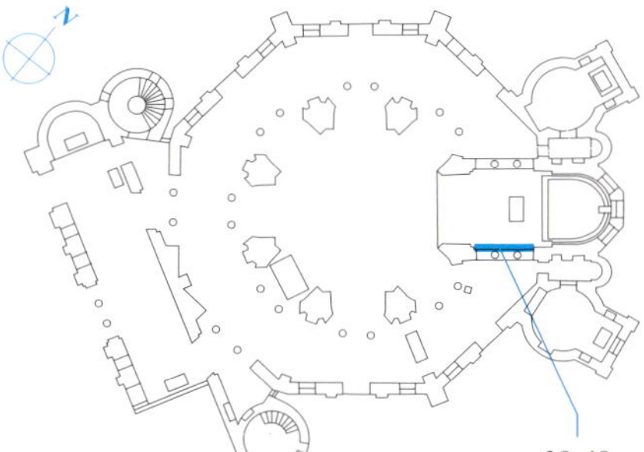

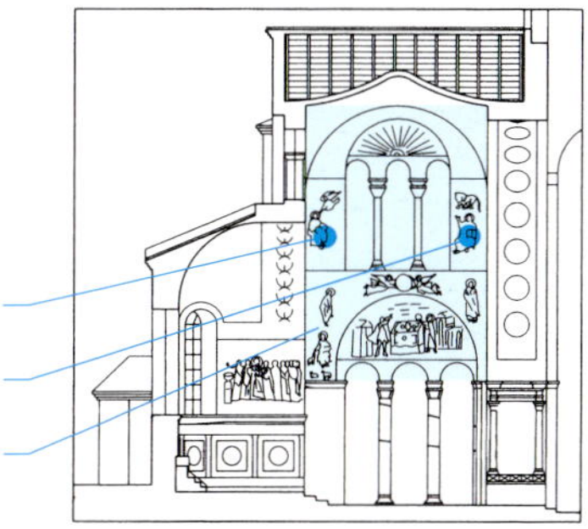

41

41. ***Mosè si slaccia i calzari per entrare nel roveto ardente.*** Il riferimento all'episodio è in *Esodo*, 3,1. Mosè si slaccia i calzari per poter entrare nel roveto ardente sul monte Horeb, e volge lo sguardo alla mano di Dio che esce dalle nuvole.

41. **Moses removing his sandals before entering the burning bush.** *In an episode described in* Exodus *3:1, Moses removes his sandals in order to enter the burning bush on Mount Horeb, turning to gaze upon the hand of God as it descends from the heavens.*

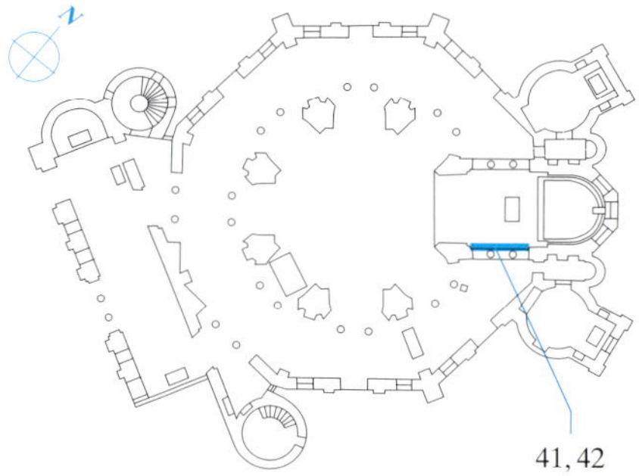

42. ***Isaia.***
Al pari della figura di Geremia sulla parete antistante, il profeta Isaia è raffigurato sullo sfondo di una bassa esedra sormontata da una corona.

42. **Isaiah.**
Represented in the same manner as is Jeremiah on the opposite wall, Isaiah is depicted against the background of a low exedra surmounted by a crown.

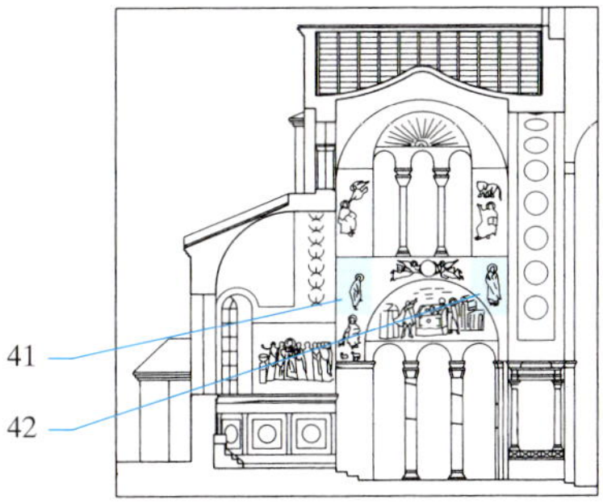

43. ***Mosè pascola il gregge del suocero Ietro.***
Mosè in atto di accarezzare le pecore che gli sono state affidate ricorda il Buon Pastore del Mausoleo di Galla Placidia (p. 107).

44. **La parete destra del presbiterio**.
Sotto i due angeli che reggono un clipeo appare la *Dextera Dei* che emerge dalle nuvole al sommo della lunetta.

43. **Moses tending the flock of his father-in-law, Jethro.**
Moses, as he caresses the sheep that have been entrusted to him, is reminiscent of the Good Shepherd depicted in the Mausoleum of Galla Placidia (p. 107).

44. ***Right wall of the presbytery.***
Below the two angels holding a clipeus one find the Dextera Dei *emerging from the clouds above the lunette.*

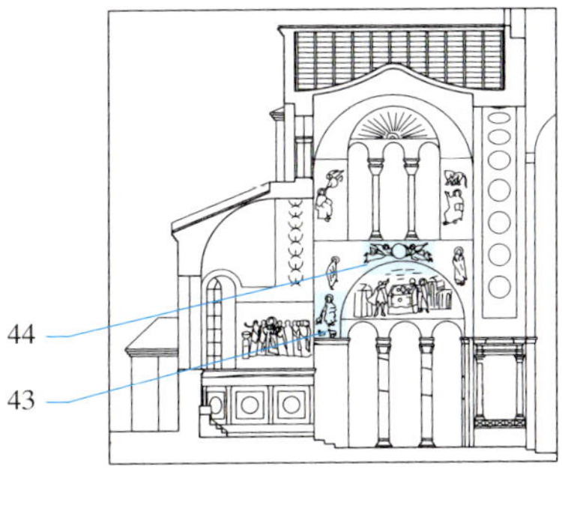

45

45. **Lunetta con i sacrifici di Abele e Melchisedech.** Nella lunetta sono raffigurati i sacrifici di Abele (*Genesi*, 4,4) e Melchisedech (*Genesi*, 14,18), riuniti in un'unica composizione, che acquisisce in tal modo un carattere astorico e simbolico. Al centro campeggia un altare coperto da un velo purpureo e da una tovaglia bianca, verso cui convergono da sinistra Abele, che in abiti da pastore offre a Dio un agnello, e da destra Melchisedech, che in solenni abiti sacerdotali offre un pane, mentre in alto, entro un alone di nubi rossastre, si staglia la mano di Dio.

45. ***Lunette depicting the offerings of Abel and Melchizedek.*** *This lunette illustrates the sacrifices of Abel* (Genesis *4:4) and Melchizedek* (Genesis *14:18). United in a single composition, the representation is imbued with an ahistorical, symbolic nature. The center is dominated by an altar covered with a purple veil and a white altar cloth. From the left, Abel, dressed in shepherd's clothing, moves toward the altar with the offering of a lamb; from the right, Melchizedek approaches in solemn priestly garb to proffer a loaf of bread. Above, within a halo of reddish clouds, the hand of God is extended.*

MELCHISEDEC

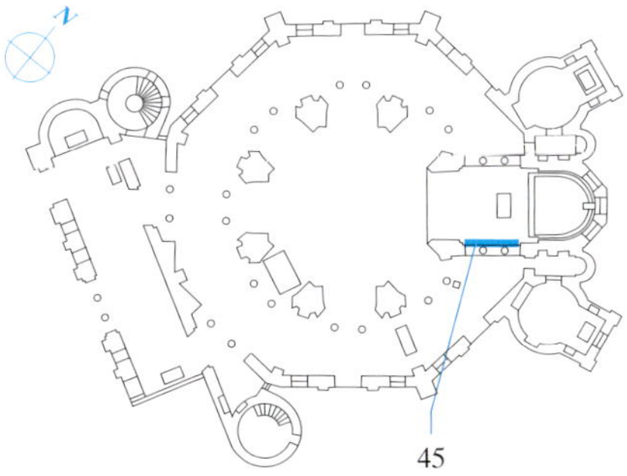
N
45

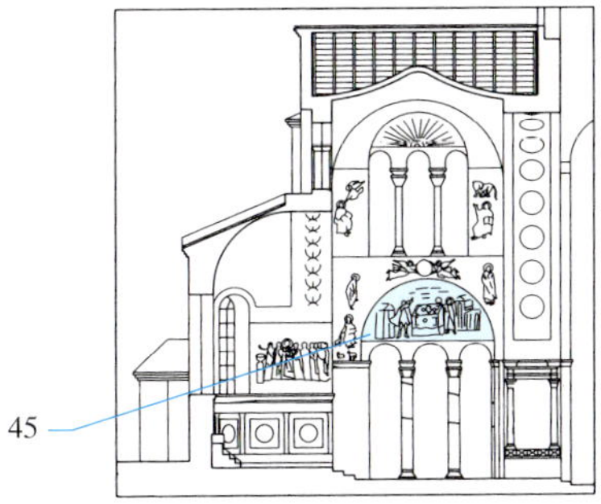
45

L'abside
The apse

Nella zona absidale, dominata dalla grande Teofania del catino, si celebra il trionfo del regno di Cristo, che siede sul globo come Re dell'Universo affiancato da due angeli. Alla sua destra san Vitale nell'atto di ricevere la corona del martirio e dalla parte opposta il vescovo Ecclesio che offre al Redentore il modello della chiesa. L'immensa distesa aurea del fondo colloca la rappresentazione – in cui cerimoniale liturgico e imperiale mirabilmente si fondono secondo i canoni dell'arte bizantina – in una dimensione al di fuori dello spazio e del tempo.

***The apsidal area** is dominated by the large Theophany scene represented on the conch, which celebrates the triumph of the reign of Christ. Here, Christ is flanked by two angels and seated on a celestial globe as King of the Universe. To the right of Christ stands St. Vitalis in the act of receiving the martyr's crown; opposite, we see Bishop Ecclesius who is offering the Redeemer a model of the church. The rich depth of the golden background clearly places this representation—in which liturgical and imperial ceremonial rituals are masterfully blended according to the canons of Byzantine art—in a dimension beyond time and space.*

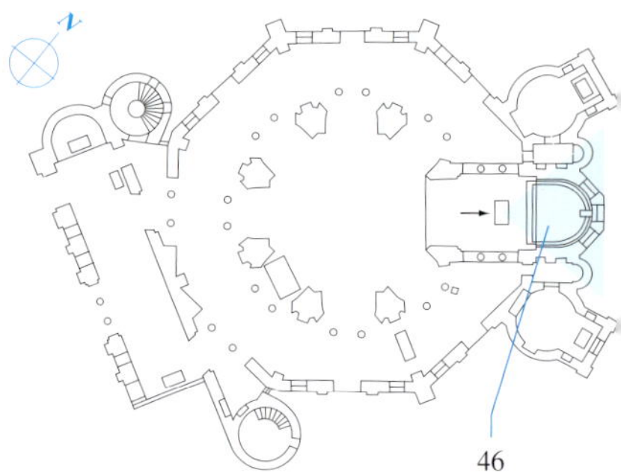

46. **L'abside.**
Ai lati del catino absidale, ma su un piano inferiore, vediamo le offerte che monarchi terreni, vicari di Dio sulla terra, portano al Signore dei Cieli: a sinistra l'imperatore Giustiniano, seguito dai dignitari di corte e dalle guardie armate e preceduto da Massimiano, offre una patena aurea, mentre nel pannello opposto campeggia la *basilissa* Teodora che regge fra le mani una coppa d'oro.

46. ***The apse.***
At the sides of the absidal conch, but set on a lower level, we see the offerings brought to the Lord of the Heavens by terrestrial monarchs, the vicars of God on earth: on the left, Emperor Justinian, accompanied by dignitaries of the court and armed guards and preceded by Maximianus, offers a golden paten. On the opposite panel, the Empress Theodora holds a golden goblet in her hands.

47

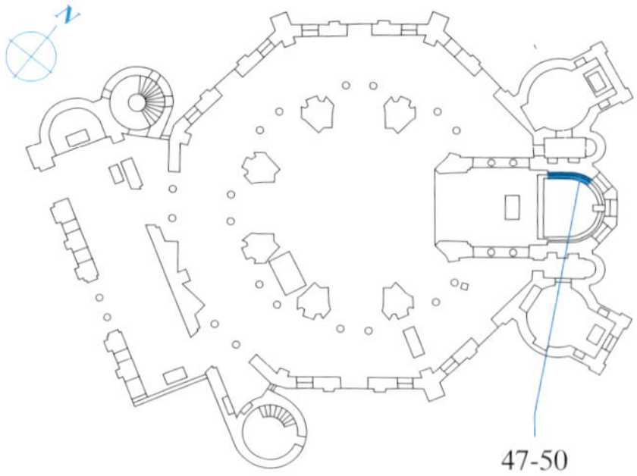

47-50

47-50. ***La processione di Giustiniano e del suo seguito.***
Il pannello raffigura l'imperatore Giustiniano affiancato sul lato sinistro da due dignitari e da un gruppo di militari, mentre sul fianco destro si impone la figura del vescovo Massimiano, unico personaggio contraddistinto dal nome. La scena, insieme con quella raffigurante Teodora e il suo seguito, va interpretata come l'*Oblatio Augusti et Augustae*, cioè l'offerta del calice e della patena fatta dalla coppia imperiale alla Chiesa, secondo un cerimoniale in uso a Costantinopoli. Oltre al rito dell'offerta, i due pannelli ricordano inoltre l'importanza del potere imperiale e il particolare rapporto intercorrente tra la corte di Bisanzio e la Chiesa di Ravenna.

47-50. **The procession of Justinian I and his retinue.**
The panel depicts Emperor Justinian flanked on the left by two dignitaries and a group of soldiers, while, to his right, Bishop Maximianus appears, the only figure to be identified by name. This scene, taken together with another that depicts Theodora and her retinue, should be interpreted as an Oblatio Augusti et Augustae*, the offering of the chalice and the paten by the imperial couple to the church, in keeping with the ceremonial practices in vogue at the time in Constantinople. In addition, the two panels are a reminder of the importance of imperial power and of the unusual relationship that existed between the court of Byzantium and the Church of Ravenna.*

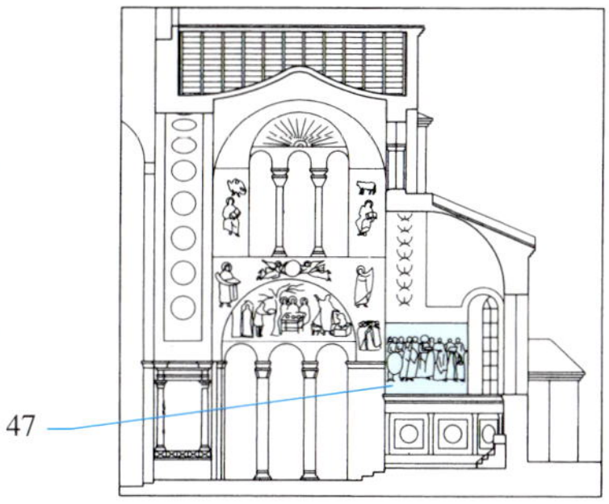

48

49

M

51

51-54. ***La processione di Teodora e del suo seguito.***
Protagonista della scena, in stretta connessione con quella precedente, è la *basilissa* Teodora, moglie di Giustiniano, effigiata nell'atto dell'*Oblatio*, cioè mentre offre un calice aureo tempestato di gemme, destinato a contenere il vino, rivolgendosi a destra verso il Cristo *Kosmokrator* al centro dell'abside. Rispetto all'altro pannello la scena appare nel complesso più varia, soprattutto a causa di un più vivace cromatismo e della presenza di specifici elementi scenici, assenti nel corteo di Giustiniano. Più che a un significato religioso, così, il senso di estremo splendore e l'atmosfera rarefatta, al limite fra sogno e realtà, sembrano voler mettere in luce il fasto della corte bizantina.

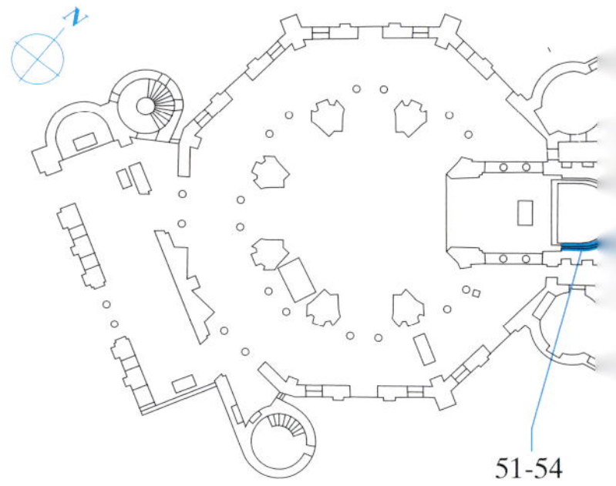

51-54. **The procession of Theodora and her retinue.** *The protagonist of this scene, which must be viewed in strict connection with the one that preceded it, is Empress Theodora, the wife of Justinian. Here, Theodora is seen in the act of making the* Oblatio *offering, and she extends a gold goblet encrusted with precious stones towards the right, where the* Kosmokrator *Christ is enthroned in the apse. With respect to the previous panel, this scene appears more variegated, particularly due to the use of vivid colors and to the presence of theatrical details that are absent in the retinue of Justinian. Thus, more than attempting to convey a religious meaning, the unlimited splendor and rarified atmosphere of the mosaic seems to aim at rendering the full ostentation of the Byzantine court.*

51-54
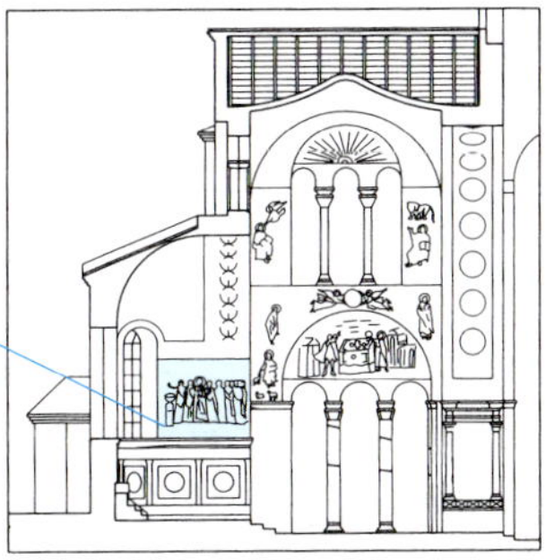

53

54

HIERVSALEM
BETHLEEM

56

57

55. **L'abside.**
Sulla distesa aurea del fondo si dispiega con ieratica maestosità una fulgida Teofania, apice del programma simbolico dell'intera decorazione. Nella fascia superiore, due angeli reggono un monogramma cristologico in forma di sole raggiato con al centro la lettera A, allusiva al dogma della Trinità, tema ricorrente in San Vitale con chiare implicazioni antiariane.

56, 57. **L'arco trionfale.**
Nell'estradosso dell'arco trionfale le due città sante, Gerusalemme e Betlemme, raffigurate in modo analogo come fortezze turrite che racchiudono edifici colonnati.

58. **Il catino absidale.** (Alle pagine 80, 81)
Fulcro visivo e concettuale dell'intera basilica è la figura di Cristo come *Kosmokrator* (Re dell'Universo), il quale, seduto su un globo azzurro da cui scaturiscono i quattro fiumi del Paradiso, regge con la sinistra il libro dei sette sigilli e con la destra porge una corona al santo eponimo della chiesa.

55. ***The apse.***
Against a vast gold background, a resplendent Theophany scene unfolds with hieratic majesty, the apex of the symbolism embodied in the entire decorative scheme. Above, two angels hold a Christological monogram in the form of a sunburst with the letter "A" at its center, alluding to the dogma of the Holy Trinity, a recurrent theme in San Vitale with clear anti-Arian implications.

56, 57. ***The triumphal arch.***
In the extrados of the triumphal arch, the two holy cities, Jerusalem and Bethlehem, are analogously depicted as turreted fortresses that enclose colonnaded buildings.

58. ***The absidal conch.*** *(On pages 80, 81)*
The visual and conceptual fulcrum of the entire Basilica is the figure of Christ as Kosmokrator *(Ruler of the Universe). Seated upon an azure globe from which spring the four rivers of paradise, Christ holds the Book of the Seven Seals in His left hand, while handing a crown to St. Vitalis with His right.*

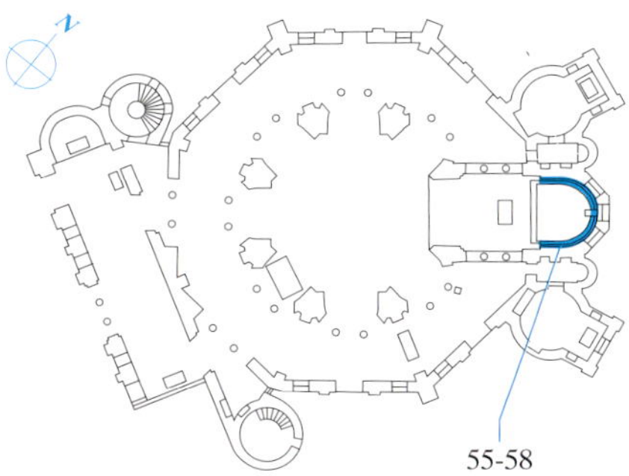

SCS VITALIS

ECLESIVSEPIS

59

59. ***San Vitale.***
Contraddistinta dall'iscrizione *Scs Vitalis,* la figura del santo eponimo della chiesa, alla destra di Cristo, riceve dalla mano del Salvatore la corona del martirio.

60. ***Ecclesio.***
Individuato dall'iscrizione soprastante (*Eclesius epis[copus]*), il vescovo Ecclesio, committente della chiesa, offre a Cristo il modello del tempio.

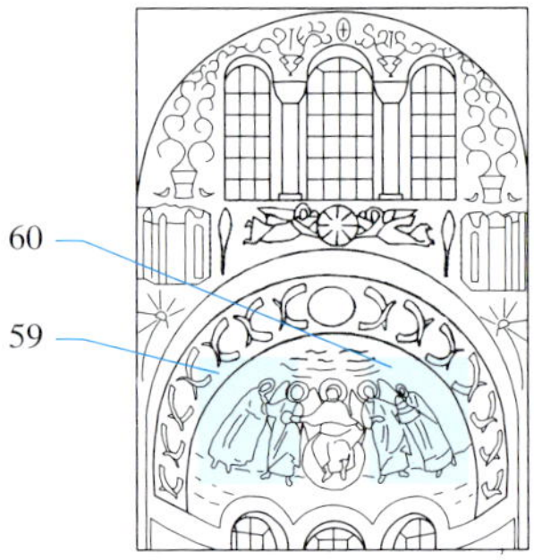

60

59. **St. Vitalis.**
Identified by the inscription, Scs Vitalis, *the saint whose name the church now bears stands to the right of Christ and receives the martyr's crown from the Savior's hand.*

60. **Ecclesius.**
*Identified by the inscription above him (*Eclesius epis[copus]*), Bishop Ecclesius, who commissioned the construction of the church, offers Christ a model of the church.*

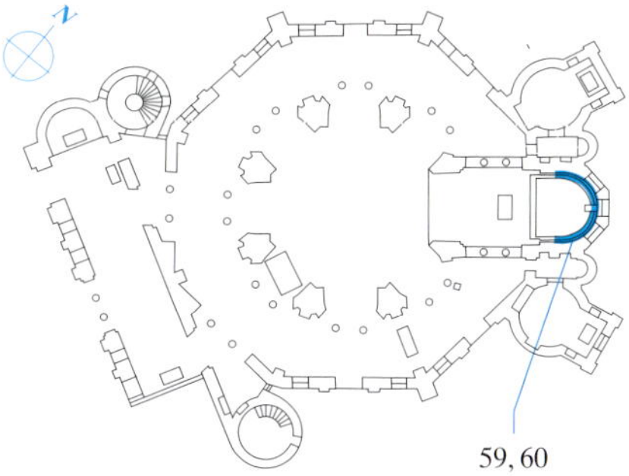

62

63

61-63. **La Teofania.**
Al centro della Teofania del catino absidale troneggia in posizione centrale la figura di Cristo con ai lati, in guisa di guardie del corpo, due arcangeli biancovestiti. Il terreno paradisiaco su cui poggiano i cinque personaggi della Teofania si articola in due file parallele di balze erbose, punteggiate di fiori bianchi e rossi, allusivi alle anime pure e al sangue dei martiri. Arricchiscono il quadro, con il loro vivace piumaggio, gli uccelli e soprattutto i pavoni, simbolo di immortalità.

61-63. ***The Theophany scene.***
At the center of the Theophany scene of the absidal conch, the figure of Christ dominates; at His sides appear two white-clad archangels in the guise of bodyguards. The terrestrial paradise upon which the five figures of the theophany scene are arranged is divided into two parallel rows of grassy cliffs, punctuated by white and red flowers that refer to the pure souls and spilled blood of the martyrs. The scene is enriched by the colorful plumage of birds – in particular, peacocks, symbols of immortality.

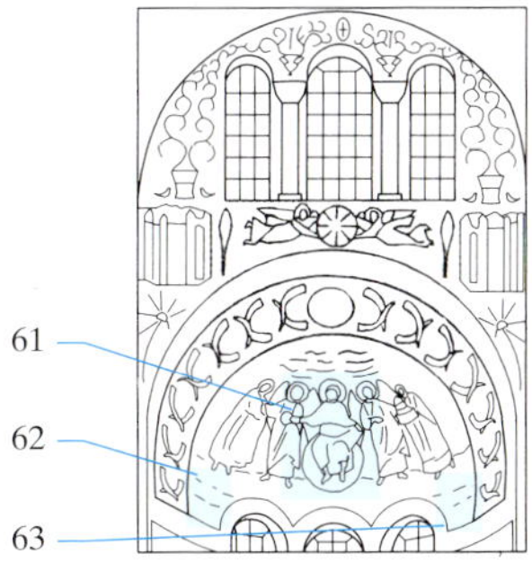

SCS VITALIS
ECLESIVS EPS

65

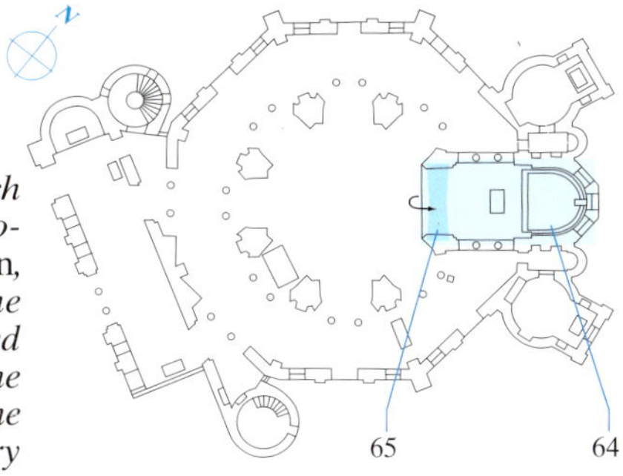

64, 65. **L'abside.**
L'intradosso del catino absidale reca una decorazione di cornucopie culminanti con il *Chrismon*, il più antico simbolo della comunità cristiana, costituito dalle prime lettere greche del nome di Cristo, X (*chi*) e P (*rho*). In alto, l'intradosso del presbiterio è decorato con le quindici *imagines clipeatae* degli apostoli e dei santi Gervasio e Protasio, presunti figli di san Vitale. Al centro, l'immagine del Cristo *Kosmokrator* entro un clipeo iridato.

64, 65. ***The apse.***
The intrados of the absidal conch bears a decoration of cornucopias converging in the Chrismon, *the most ancient symbol of the Christian commuion, composed of the first letters of Christ's name in greek, X* (chi) *and P* (rho). *The triumphal arch of the presbytery shows the fifteen* imagines clipeatae *of the twelve Apostles along with Sts Gervasius and Protasius, the alleged sons of St Vitalis. In the center, the image of the* Kosmokrator *Christ is contained within a rainbow-hued clipeus.*

La volta del presbiterio

The vault of the presbitery

La decorazione del presbiterio culmina nella grande volta a crociera. Al centro, in un clipeo, campeggia l'*Agnello mistico* sorretto da quattro angeli biancovestiti che si librano in volo da quattro globi azzurri.

The decoration of the presbitery culminates *in the large cloistered vault. In the center, there is a clipeus containing the* Agnus Dei, *supported by four white-clad angels who are taking wing from four azure globes.*

66. **La volta del presbiterio.** La grande volta a crociera, divisa in quattro vele e culminante in un clipeo con l'*Agnello mistico*, reca una sontuosa decorazione musiva di festoni con foglie, frutta, fiori e volatili, tra cui un pavone.

66. ***The vault of the presbytery.*** *The large cloistered vault, divided into four cells and culminating in a clipeus with the* Agnus Dei, *is adorned with a lavish mosaic decorated with festoons of leaves, fruit, flowers, and birds, including a peacock.*

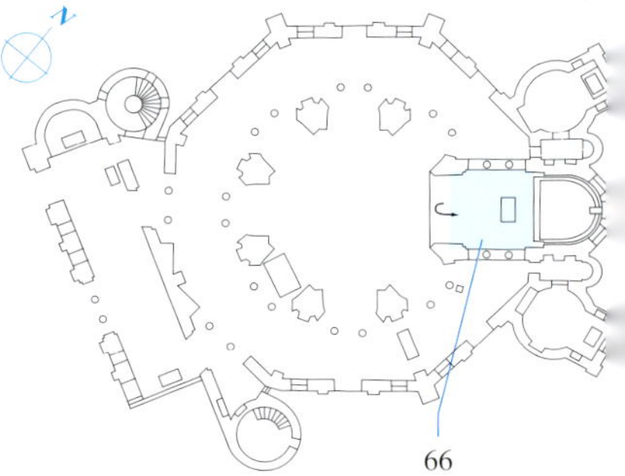

66

LVS
IACO
BVS

68

68. **La volta del presbiterio.** Al centro della volta che sovrasta il presbiterio, circondato da una ricca decorazione a volute d'acanto, campeggia entro una ghirlanda di foglie e frutti l'*Agnello mistico*, nel quale culmina la simbologia sacrificale che ispira l'intero complesso iconografico di questa zona della basilica.

68. ***The vault of the presbytery.*** *At the center of the vault that looms over the presbytery, the* Agnus Dei *appears, surrounded by a rich decoration of acanthus and garlands of leaves and fruit. The lamb is the culmination of the symbolism of sacrifice that inspires the iconography of this entire section of the Basilica.*

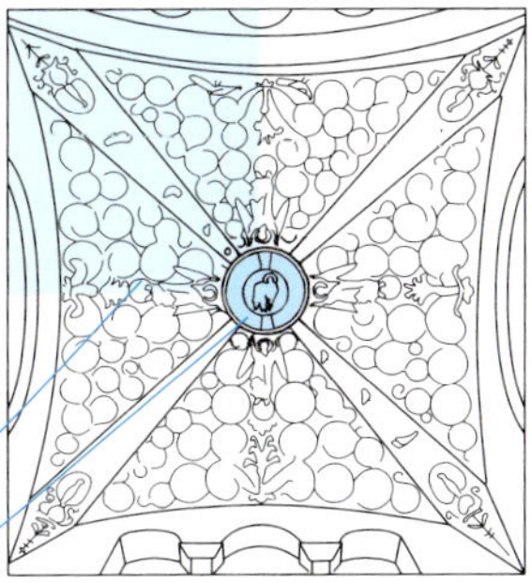

69

Il Mausoleo di Galla Placidia

The Mausoleum of Galla Placidia

Spaccato prospettico del Mausoleo
di Galla Placidia (Gloria Negri).

Mausoleum of Galla Placidia
Cutaway View (Gloria Negri).

Il Mausoleo di Galla Placidia

The Mausoleum of Galla Placidia

La storia

Il sacello in mattoni rosati noto come Mausoleo di Galla Placidia meglio di ogni altro monumento sintetizza non solo il ruolo di Ravenna come capitale dell'Impero Romano d'Occidente, ma anche il carattere religioso e ideologico di un'epoca che vide l'affermazione della fede cristiana anche in chiave di fondamentale supporto del potere imperiale. Mentre Roma antica pareva avviata a un fatale declino e Costantinopoli si proponeva come nuovo centro del mondo, fu a Ravenna, infatti, che Onorio trasferì nel 402 la capitale imperiale durante l'invasione dei Visigoti, mentre nel VI secolo Teodorico ne fece la capitale del regno degli Ostrogoti e Giustiniano, al termine del conflitto greco-gotico, la designò capitale della Prefettura d'Italia. Per due secoli così, la città, favorita dalla sua collocazione geografica affacciata sull'Adriatico ma anche aperta verso la Padania e le regioni transalpine, svolse la sua funzione di estremo presidio bizantino contro le invasioni barbariche, pur conservando le sue caratteristiche di importante centro commerciale e manifatturiero.

Figlia di Teodosio I, Galla Placidia, nata intorno al 390, aveva seguito il fratello Onorio a Ravenna, era stata poi catturata dai goti di Alarico durante il sacco di Roma ed era andata sposa al successore di Alarico, Ataulfo, alla cui morte fu costretta dal fratello a sposare il generale Costanzo (il futuro Costanzo III), che morì nel 421. A seguito di fieri contrasti con Onorio, Galla Placidia riparò a Bisanzio con i due figli, ma alla morte dell'imperatore credette necessario fare ritorno in Italia per assicurare i diritti alla successione del figlio Valentiniano, elevato alla dignità cesarea da Teodosio II ancora in età minorile. Toccò allora a Galla reggere le sorti dell'impero fino al 437, ma la sua reggenza fu contrassegnata da intrighi di ogni genere, con gravi ripercussioni sulla stabilità e l'efficacia dell'azione di governo. Particolarmente tumultuoso fu il rapporto con i vari *magister militum* che si avvicendarono alla guida dell'esercito, ma non mancarono problemi anche in ambito familiare, come il grave dissidio apertosi con la figlia Giusta Grata Onoria, la quale, invaghitasi del maggiordomo Eugenio, fu spedita a Bisanzio ma si vendicò mettendosi in contatto con Attila, capo degli Unni, a cui secondo antiche cronache inviò addirittura il suo anello da sposa.

The history

The pink-brick-covered sacellum that is known as the Mausoleum of Galla Placidia, better than any other monument, captures not only Ravenna's role as the capital of the Western Roman Empire, but also the religious and ideological character of an epoch in which the affirmation of the Christian faith functioned equally to provide fundamental support for imperial power. While ancient Rome seemed to be well on its way toward its fatal decline and Constantinople was becoming the new center of the world, Honorius transferred the imperial capital to Ravenna in 402 during the Visigoth invasion. In the sixth century, Theodoric made Ravenna the capital of the Kingdom of the Ostrogoths; and Justinian I, at the conclusion of the Greco-Gothic war, designated it the capital of the Prefecture of Italy. Ravenna, then, favorably positioned on the Adriatic and open toward Padania and the transalpine regions, served as the far Byzantine outpost against the barbarian invasions for two centuries, all the while maintaining its role as an important commercial and manufacturing center.

Galla Placidia, born in c. 390, was the daughter of Theodosius I. Having followed her brother, Honorius, to Ravenna, she was later captured by Alaric's Goths during the Sack of Rome and was married to Alaric's successor, Ataulf. Upon Ataulf's death, Galla Placidia was forced by her brother to marry General Constantius (the future Constans III), who died in 421. Fierce conflicts with Honorius led Galla Placidia to repair to Byzantium with her two children, but upon the death of the Emperor she believed it was necessary to return to Italy to protect the right of succession of her son, Valentinian, who had been elevated by Theodosius II to the rank of Caesar when he was still a child. The empire's destiny lay in Galla's hands, then, until 437, but her reign was marked by intrigues of every kind, and the stability and effectiveness of her ability to govern was gravely compromised as a result. Her relationships with the various magister militum who followed one another in command of the army were especially tumultuous, though there was no lack of difficulty within the family itself. One such example was her conflict with her daughter, Justa Grata Honoria, who was ordered back to Byzantium following a flirtation with the royal chamberlain, Eugenius; Honoria took her

1. Lunetta del braccio ovest, particolare con cervi e cornice con motivo a greca.

2. Lunettone est del tamburo, con il particolare di due colombe che si abbeverano all'acqua di un bacile.

1. Lunette of the west arm. Detail with drinking deer and frame with Greek key design.

2. Large lunette on east side of the drum with two doves drinking from a basin.

Se debole e contraddittoria fu la sua azione alla guida dell'impero, ben più saldo fu invece il rapporto di Galla Placidia con la chiesa cattolica, come dimostra l'appoggio a papa Leone Magno in occasione del contrasto apertosi nel 450 con l'imperatore Teodosio II, accusato di favoreggiamento dell'eresia monofisita. Con i figli Valentiniano e Eudossia, infatti, Galla inviò all'imperatore una serie di calorose missive che sono l'ultima traccia della sua attività politica. Il 27 novembre dello stesso anno, Galla Placidia si spegneva a Roma e veniva sepolta nel mausoleo gentilizio della famiglia teodosiana, presso San Pietro in Vaticano, mentre tradizioni posteriori accreditavano erroneamente la sepoltura presso il cenotafio ravennate, che di fatto non assolse mai a tale funzione. Questo suo sincero afflato religioso si tradusse inoltre nella costruzione di vari edifici di culto sia a Ravenna che a Roma, di cui il più famoso è senza dubbio il Mausoleo che da lei prende il nome, annesso in origine con funzione di oratorio alla chiesa di Santa Croce mediante un portico oggi scomparso.

L'architettura

Eretto probabilmente prima del 450, e quindi tra i più antichi della città, il piccolo edificio a laterizi, tipico esempio di architettura paleocristiana, presenta una pianta a croce latina, con quattro bracci coperti da volte e aperti su un ampio tiburio centrale da cui si eleva la cupola impostata sui quattro lunettoni del tamburo. La cupola, a quattro spioventi, è sormontata da una torretta quadrata, mentre i bracci, di lunghezza pressoché uguale (quindi in realtà assimilabili a una croce greca), presentano una impercettibile torsione verso ovest che determina l'assenza di angoli perfettamente retti. Tutto l'edificio, inoltre, si presenta oggi interrato per circa un metro e mezzo rispetto alla situazione originaria, falsando così la percezione delle sue proporzioni, decisamente più slanciate. L'esterno, movimentato da una semplicissima decorazione ad archetti e lesene, presenta sulla facciata un portale d'accesso sormontato da un architrave romano e sulle pareti una serie di sette feritoie chiuse da lastre di alabastro, una al centro di ogni braccio (tranne la navatella d'ingresso) e quattro sul tiburio. Da queste finestrelle penetra all'interno una fioca luminosità che rende ancora più suggestivo il contrasto tra la generale tonalità turchina del ricco

revenge by contacting Attila, King of the Huns, even sending him, according to some ancient accounts, an engagement ring.

If Galla Placidia was weak and contradictory at the helm of the empire, her relationship with the Catholic church was unwavering; her support of Pope Saint Leo the Great on the occasion of the 450 conflict with Emperor Theodosius II, who was accused of abetting the Monophysite heresy, is a demonstration of this fact. With her children, Valentinian and Eudossia, Galla sent the Emperor a series of warm letters on the Pope's behalf, the last traces of Galla's political activities. On November 27 of the same year, Galla Placidia died in Rome and was buried in the Theodosian family's noble mausoleum near Saint Peter's Basilica in Rome. Later traditions erroneously held that her burial had taken place in the mausoleum in Ravenna, though it never served that function. Galla's sincere religious afflatus was translated into the construction of various religious buildings in both Ravenna and Rome; of these, the Mausoleum that bears her name in Ravenna is undoubtedly the most famous. It was originally annexed as the oratory of the Church of Santa Croce via a portico that has not survived.

The architecture

Probably built before 450, and thus among Ravenna's oldest buildings, this small brick structure, a typical example of early Christian architecture, is arranged in the shape of a Latin cross. Its four vaulted arms converge into a wide central lantern from which the cupola rises above the four large lunettes of the drum. The cupola and its four pendentives is surmounted by a square tower, while the arms (which are nearly equal in length and which, thus, resemble a Greek cross), are rotated imperceptibly toward the west, resulting in the absence of perfectly right angles. The entire building, in addition, today lies nearly a meter and a half below its original level, falsifying the perspective; its dimensions were once decidedly better proportioned. The exterior is animated by a spare decoration of arches and pilaster strips; on the façade, the entranceway is surmounted by a Roman architrave while a series of seven embrasures covered by alabaster slabs appears along the walls: one at the center of each arm (with the exception of the lateral entrance nave) and four

1

2

rivestimento musivo e lo scintillio delle tessere verdi, rosse, bianche e dorate che punteggiano la superficie. Un passaggio improvviso dalla luce del giorno a un'atmosfera quasi notturna, esaltata dalle centinaia di stelle d'oro della cupola, uno degli elementi che più hanno colpito la fantasia e la sensibilità dei visitatori di Ravenna. Si racconta per esempio che il celebre compositore americano Cole Porter, in viaggio di nozze nella città romagnola alla fine degli anni '20 del secolo scorso, rimase così colpito dall'atmosfera del piccolo mausoleo che compose la melodia di *Night and Day* pensando al cielo stellato di Galla Placidia.

I mosaici

L'aspetto povero e dimesso dell'esterno, peraltro in origine rivestito con ogni probabilità di lastre marmoree, contrasta con la straordinaria ricchezza dell'interno, adorno di marmi preziosi e letteralmente tappezzato da una splendida decorazione musiva opera di maestranze forse di provenienza orientale (la Siria o Costantinopoli), oppure di estrazione romana. L'apparato iconografico dei mosaici, interamente ispirato alla promessa di immortalità e di redenzione garantita

on the lantern. Through these tiny windows a feeble light penetrates the interior, accentuating the evocative contrast between the deep blue of the rich internal mosaic work and the gleam of green, red, white, and gold tesserae that punctuate its surfaces. This unexpected passage from the light of day into an environment that is nearly nocturnal, marked by the hundreds of golden stars in the cupola, is one of the features that has most captured the imagination and sensibility of visitors to Ravenna. According to one legend, the celebrated American songwriter, Cole Porter, on honeymoon in Ravenna at the end of the 1920s, was so taken by the atmosphere in this small mausoleum that he composed the melody for "Night and Day" while imagining Galla Placidia's star-strewn sky.

The mosaics

The bare and somewhat derelict appearance of the exterior, which was, in all probability, originally covered with marble slabs, stands in contrast to the extraordinary richness of the interior, richly adorned with marble and literally covered with splendid mosaic decorations that may have been created by workmen

3, 4. Sottarco della volta del braccio nord, particolari dei canestri con festoni di foglie e frutti.

5. La conchiglia ieratica nel lunettone est del tamburo.

3, 4. *North arm, arch soffit of the vault, details. Baskets with garlands of leaves and fruits.*

5. *The hieratic seashell in the large lunette on east side of the drum.*

3

4

dall'avvento del Salvatore, si sviluppa sulle sei principali aree dell'edificio: le volte a botte dei bracci, ornate da volute d'acanto; le volte a botte della navatella, decorate con figure geometriche circolari; le lunette dei bracci, con coppie di cervi all'abbeverata; le lunette della navata, con i mosaici del Buon Pastore e del Martirio di san Lorenzo; i quattro lunettoni del tiburio, con le figure degli apostoli; e infine la calotta della cupola, con un firmamento di piccole stelle a otto punte che si dipartono in cerchi concentrici dalla croce centrale.

Fulcro del programma allegorico del ciclo è il mosaico del Buon Pastore posto all'interno della lunetta che sovrasta l'ingresso. Il giovane imberbe e aureolato che al centro della scena, vestito di una tunica dorata, si appoggia a un'alta croce dorata attorniato da sei pecorelle, è infatti senza dubbio una personificazione di Cristo, il quale, come il pastore cura il suo gregge, così guida e accudisce il popolo dei fedeli, accarezzando la pecora a lui più vicina quale simbolo di pace perpetua e accentuando con la ieratica solennità della postura e dello sguardo il significato trascendente e salvifico della sua apparizione all'interno del sacello. Gli fa riscontro, sulla lunetta del braccio opposto, la figura biancovestita di san Lorenzo, il più grande martire romano avviato come Cri-sto sulla via del sacrificio con il simbolo della

from the East (Syria or Constantinople) or may be Roman in inspiration. The iconography of the mosaics, animated in their entirety by the promises of immortality and redemption guaranteed by the coming of Christ, extends across the six main sections of the structure: the barrel vaults of the arms, ornamented by volutes of acanthus leaves; the barrel vaults of the lateral nave, decorated with circular geometric figures; the lunettes of the arms, which illustrate pairs of drinking deer; the lunettes of the nave, with their mosaics representing the Good Shepherd and the Martyrdom of St. Lawrence; the four large lunettes of the lantern, with depictions of the apostles; and, finally, the dome of the cupola with its firmament of small, eight-pointed stars that extend outward in concentric circles from a central cross.

The fulcrum of the allegorical program of the mosaic cycle is the depiction of the Good Shepherd, located in the lunette that stands above the entrance. The beardless youth, figured within an aureole and dressed in a golden tunic, is placed at the center of the lunette where he leans upon a golden cross, surrounded by six sheep. The scene cannot be taken other than as a symbolic representation of Christ, who, just as the shepherd guards his flock, guides and tends the faithful. He caresses the sheep nearest to him – a symbol of eternal peace – emphasizing, with the hieratic solemnity of his posture and his gaze, the transcendent and salvific significance of his appearance in the sacellum. This scene corresponds to the white-clad figure of St. Lawrence, the greatest of the Roman martyrs, in the lunette of the opposite arm. There, the saint, bearing a symbolic cross, embarks upon the path of sacrifice as did Christ himself. Before him, flames leap under the gridiron of his martyrdom, while, to the left, the doors of a small cabinet open to display the four books of the Gospel to the faithful.

In the death-resurrection-life theme with which the decoration of the entire Mausoleum is imbued, the ornamental and symbolic grape-vine motifs, which twist around the Christological monogram in the vaults of

5

croce. Davanti a lui, guizzano sotto la graticola le fiamme del rogo, mentre a sinistra un armadietto schiude i battenti per mostrare ai fedeli i quattro tomi dei Vangeli.

Nella tematica morte-resurrezione-vita che informa l'intera decorazione del Mausoleo, si inserisce perfettamente, nelle volte dei bracci est e ovest, il motivo sia ornamentale che simbolico dei tralci di vite che si attorcono intorno al monogramma cristologico, mentre un'altra immagine allegorica dotata di una precisa valenza semantica sono i cervi che si dissetano alla fonte, duplice allusione alle anime che anelano a Dio e all'acqua battesimale intesa come fonte di vita e tramite per la purificazione dal peccato. In tale accezione l'acqua si ripresenta anche nei *kántharoi* e nei bacili da cui si dissetano le coppie di bianche colombe visibili ai piedi degli apostoli, un motivo che risale a una visione simbolico-religiosa di origine egizia e che, alludendo al *Seelenvogel*, l'uccello che incarna l'anima del defunto in viaggio verso la dimora celeste, ebbe particolare fortuna nell'arte funeraria e catacombale paleocristiana. Gli apostoli stessi, effigiati con tunica e pallio bianchi nei lunettoni del tiburio, non si atteggiano a semplici testimoni o adoratori della Croce, ma con la loro gestualità creano una *acclamatio Crucis* da porsi in relazione con la seconda venuta di Cristo.

I sarcofagi

Da non trascurare infine, nel percorso di visita del sacello, la presenza di tre superbi sarcofagi coevi: il primo nel braccio est – detto di Costanzo III perché generalmente riconosciuto come il suo sepolcro – scolpito con una raffigurazione simbolica del Paradiso; il secondo nel braccio sud, pregiato dai più antichi cronisti in quanto ritenuto l'urna di Galla Placidia, ma pressoché sprovvisto di decorazione; il terzo nel braccio ovest, finemente lavorato con motivi cristologici e paradisiaci e generalmente considerato il sepolcro di Onorio.

Nel Mausoleo di Galla Placidia, dunque, valenze spaziali, musive e anche scultoree trovano compiuta e armoniosa compenetrazione, creando un'atmosfera di suggestione emotiva che invita alla meditazione e al raccoglimento e trasmette la stessa tensione spirituale che dovette animare l'augusta committente.

the eastern and western arms, is a perfect example. Another allegorical image, meanwhile, no less infused with precise semantic meaning, is that of deer quenching their thirst at a spring, a double allusion to souls that hunger for God and to the water of baptism that acts both as a fountain of life and as a means for the purification of sin. In that connection, water again appears in the kántharoi *and basins (visible at the apostles' feet) from which a pair of white doves drink. The doves, a religious-symbolic motif of Egyptian origin, allude to the* Seelenvogel, *the bird that carries the souls of the dead on their journey to its heavenly abode, and was particularly popular in early Christian funerary and catacomb art. The apostles themselves, depicted with tunics and white pallia in the large lunettes of the lantern, are not posed as simple worshippers of the Cross; rather, their gestural language constitutes an* acclamatio Crucis *that should be interpreted in terms of the Second Coming of Christ.*

The sarcophagi

During a visit to the sacellum, three superb sarcophagi, created contemporaneously, should not be overlooked. The first – generally accepted as the tomb of Constans III – is located in the eastern arm and is sculpted with a symbolic representation of Paradise. The second is in the southern arm; though it is nearly devoid of all decoration, it was prized by ancient chroniclers because they believed it to contain the earthly remains of Galla Placidia. The third lies in the western arm and is exquisitely worked with motifs relating to Christ and to Paradise; it is generally considered to be the tomb of Honorius.

In the Mausoleum of Galla Placidia, the dynamism of the space merges flawlessly with the mosaic and sculptural elements, creating a sublimely emotional atmosphere that invites meditation and reflection and which transmits the same spiritual vitality that surely animated the imperial figures who commissioned its construction.

L’esterno

The exterior

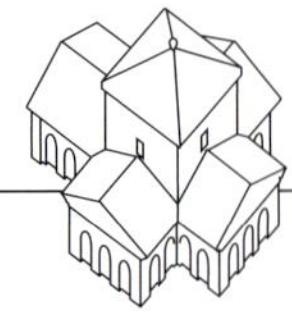

Circondato da un praticello alberato, il piccolo sacello cruciforme si innalza semplice e compatto in un ambiente naturale che esalta la sobrietà e la purezza delle forme architettoniche. La nitida volumetria dell’edificio, che presenta una pianta a croce latina leggermente asimmetrica (m 12,75 × 10,25), è costituita da due bracci intersecantesi in un tiburio quadrangolare che ingloba la cupola, sormontata da una pigna funeraria. I tre bracci corti della croce sono conclusi in alto da un frontone triangolare di sapore classico, profilato da cornici lisce in cotto e da una cornice a modiglioni. Nell’insieme, domina all’esterno il colore caldo e rosato del paramento murario in filari di mattoni corti e grossi, interrotti da quattordici piccole finestre rettangolari. L’attuale interramento del Mausoleo di circa un metro e mezzo è una conseguenza del fenomeno di subsidenza che interessa tutta la zona costiera dell’alto Adriatico e in particolare Ravenna.

Surrounded by a small, tree-lined court, *the simple, compact sacellum stands in a natural setting that emphasizes the purity and sobriety of the architecture. The building’s distinct profile, laid out in the shape of a slightly asymmetrical Latin cross (12.75 meters × 10.25 meters), is composed of two arms that intersect in a quadrangular lantern that surrounds the cupola. Above stands a pine cone, a funerary symbol. The three short arms of the cross meet in a classically inspired triangular pediment, edged in smooth, terra cotta cornices and a modillion. Taken together, the warm, pinkish-red color of the courses of low, thick bricks dominates the architecture; the surface of the exterior walls is interrupted by fourteen small, rectangular windows. The current sinkage of the Mausoleum (approximately a meter and a half) is the result of the subsidence that affects the entire coastal area of the Adriatic and Ravenna in particular.*

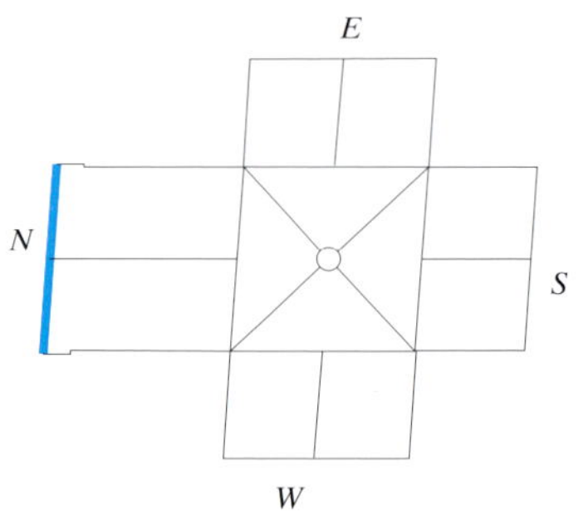

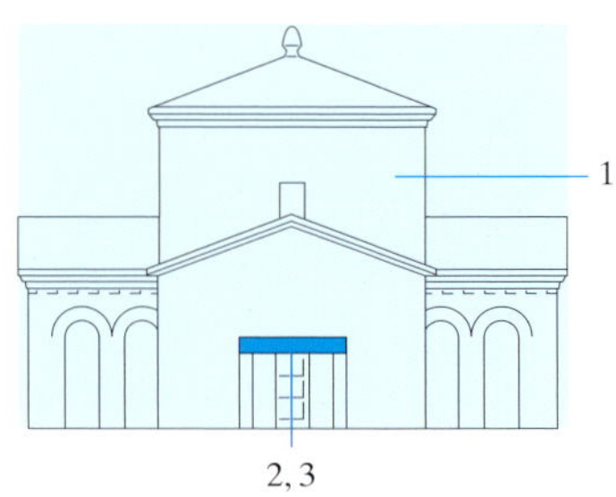

1. **Prospetto del braccio nord.**
La facciata principale, posta all’estremità del braccio nord, presenta un aspetto molto semplice e austero, privo di quelle cornici e leggiadre arcature che animano le altre pareti del monumento.

2, 3. **Portale d’ingresso.**
Il portale è sormontato da un architrave romano con motivi dionisiaci (cm 246 × 32,5 × 15,5). A sinistra è visibile una pantera con il capo girato all’indietro. Al centro un *kántharos* affiancato da due pantere con una zampa sul bordo.

1. ***View of the northern arm.***
The main façade, located at the end of the northern arm, is very simple and austere, with none of the cornices and elegant arch-work that animate the monument’s other walls.

2, 3. ***Entrance portal.***
The portal is surmounted by a Roman architrave decorated with a Dionysian frieze (246 cm × 32.5 cm × 15.5 cm). To the left, a panther, its head turned backwards, is visible. At the center appears a kántharos *flanked by two panthers, each with a paw upon its rim.*

4

4. **Intersezione dei bracci nord e ovest.**
La pareti esterne, eccetto la facciata, sono percorse da una serie di arcatelle cieche sorrette da lesene poggianti su una zoccolatura oggi purtroppo non più visibile a causa dell'interramento del Mausoleo. La ritmica successione delle arcatelle conferisce all'esterno una nota di eleganza, muovendo pittoricamente la superficie con un leggero gioco chiaroscurale di luci e di ombre.

4. ***Intersection of the northern and western arms.***
The exterior walls, with the exception of the façade, are traversed by a series of blind archlets supported by pilaster strips that, in turn, rest upon a wainscoting that is unfortunately no longer visible due to the subsidence of the Mausoleum. The rhythmic succession of the archlets lends a note of elegance to the exterior, animating the surface with a chiaroscuro play of light and shadow.

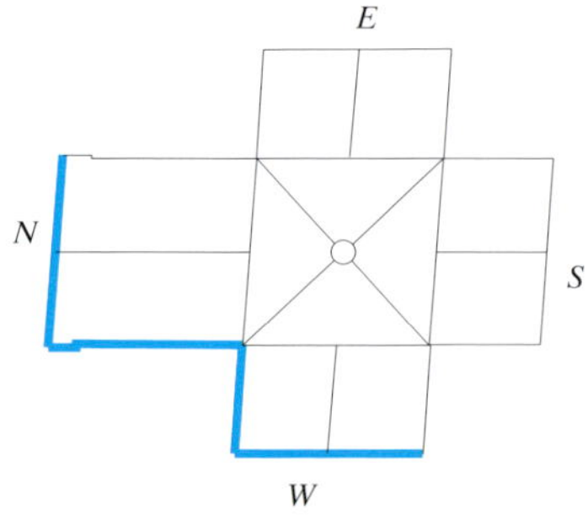

L'interno
The interior

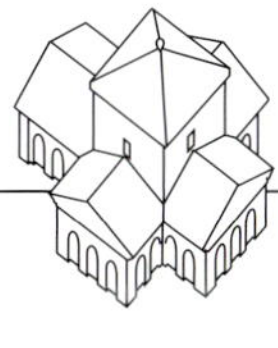

Alla semplice e disadorna volumetria dell'esterno si contrappone la preziosità dell'interno, completamente decorato di marmi e di mosaici in cui si fondono tradizione classica e simbolismo funerario. Le tessere blu della cupola trapuntata di stelle d'oro e delle volte dei bracci, decorate con stelle, rosoni e tralci di vite, si ripresentano negli sfondi delle quattro pareti del tiburio, ove sono raffigurate coppie di apostoli sotto grandi conchiglie ieratiche. Nelle lunette, dominate da toni grigio-azzurrini, coppie di cervi che si abbeverano alla fonte della salvezza e due immagini di carattere più realistico raffiguranti il Buon Pastore col suo gregge e san Lorenzo che si avvia al martirio. Unificate dalla generale tonalità notturna degli sfondi, valenze spaziali, figurative e simboliche trovano così un'armoniosa compenetrazione, creando un effetto di forte tensione spirituale e un'atmosfera che invita alla meditazione e al raccoglimento.

The simple and unadorned exterior contrasts *with the ornate interior, decorated entirely in marble and mosaics that merge classical traditions with funerary symbolism. The deep blue of the tesserae in the cupola, spangled with its golden stars, and in the vaults of the arms, also decorated with stars, rosettes, and winding grape-vine motifs, is picked up once again in the background of the lanterns' four walls, where pairs of apostles are depicted beneath large, hieratic seashells. In the lunettes, where tones of azure-gray dominate, pairs of deer drink at the spring of salvation; two more realistic figures represent the Good Shepherd with his flock and St. Lawrence on his way to martyrdom. Unified by the nocturnal hues evident in the backgrounds, the Mausoleum's spatial, figurative, and symbolic energies merge perfectly, manifesting a significant spiritual vitality and creating an atmosphere that invites meditation and reflection.*

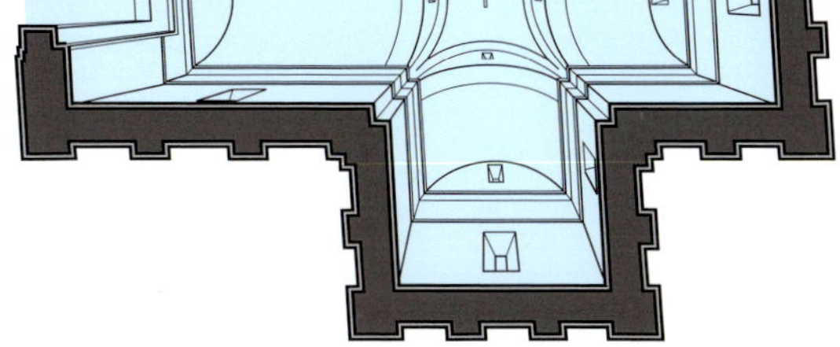

7

5. **Il braccio nord.**
Il braccio nord presenta nel lunettone due apostoli non meglio identificabili sotto una conchiglia ieratica, mentre la lunetta del Buon Pastore, posta sopra la porta di ingresso, è di importanza fondamentale per comprendere il significato escatologico di tutto il complesso decorativo del Mausoleo.

6, 7. **Gli apostoli del braccio nord.**
Solenni e statuarie, le figure dei due apostoli si ergono su una piattaforma verde sagomata in modo da creare un senso di illusione prospettica. In alto, l'andamento della grande conchiglia si adegua alla curvatura del lunettone.

5. ***The northern arm.***
In the large lunette of the northern arm, two unidentified apostles stand beneath an hieratic seashell. The Good Shepherd lunette, meanwhile, placed above the entrance way, is fundamental to an understanding of the eschatological significance of the Mausoleum's entire decorative scheme.

6,7. ***The northern arm. The apostles.***
Solemn and statuesque, the two apostles rise upon light-green platforms that are modeled in such a way as to create an optical illusion for the viewer. Above, the shape of a large seashell follows the curvature of the large lunette.

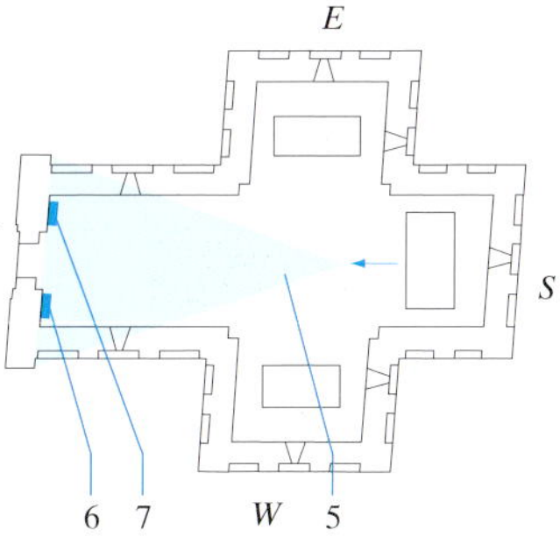

8

9

8-11. **La lunetta del Buon Pastore.** Il mosaico della lunetta, raffigurante Cristo in mezzo alle proprie pecore, allude in chiave simbolica alla figura del Salvatore come porta per il regno dei cieli: "Io sono la porta delle pecore, chi passerà attraverso me sarà salvo ed entrerà e uscirà e ritroverà pascoli" (Giovanni 10, 7-10). Seduto su una balza rocciosa in un paesaggio ricco di fronde, il Cristo sembra stabilire con il proprio gregge quel rapporto affettivo e protettivo che si evince dalle successive parole del Vangelo di Giovanni (10,11-16): "Io sono il Buon Pastore, il Buon Pastore dà la vita per le sue pecore; io sono il Buon Pastore e conosco le mie pecore e le mie pecore conoscono me ... e ascolteranno la mia voce".

8-11. ***The Good Shepherd lunette.*** *The mosaic of the lunette, which depicts Christ amidst his sheep, alludes symbolically to the figure of the Savior as a doorway to the kingdom of heaven: "I am the door of the sheep.... [B]y me if any man enter in, he shall be saved, and shall go in and out, and find pasture" (John 10:7-10). Seated upon a rocky ledge in a landscape rich with foliage, Christ seems to establish that affectionate and protective relationship with his flock that is so evident in the verses that follow: "I am the good shepherd: the good shepherd giveth his life for the sheep.... I am the good shepherd, and know my sheep, and am known of mine ... and they shall hear my voice" (John 10: 11-16).*

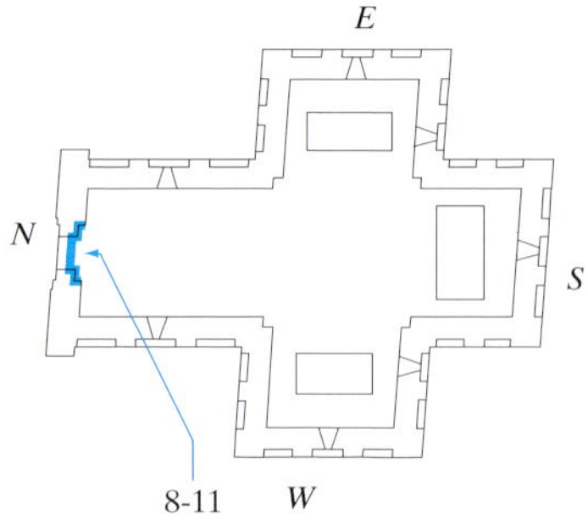

11

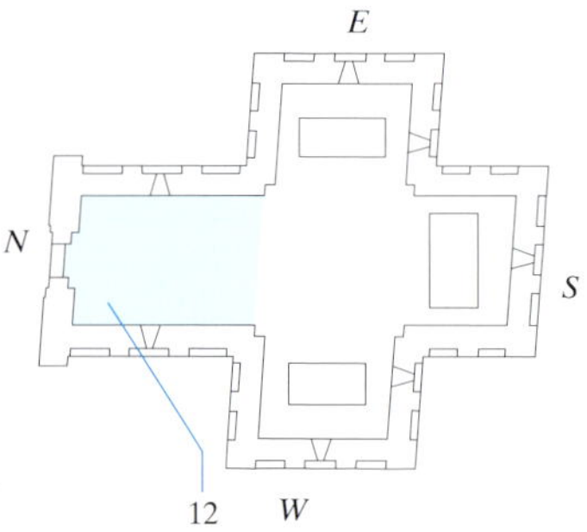

12. **La volta del braccio nord.**
Il rivestimento musivo delle volte a botte dei bracci nord e sud presenta una decorazione floreale stilizzata che si dispiega su uno sfondo color indaco. L'impressione è quella di un tappeto o di una stoffa preziosa.

12. ***The vault of the northern arm.***
The mosaics covering the surfaces of the barrel vaults in the northern and southern arms are decorated in a stylized floral style that extends across an indigo background, appearing as a carpet or a length of precious cloth.

12

15

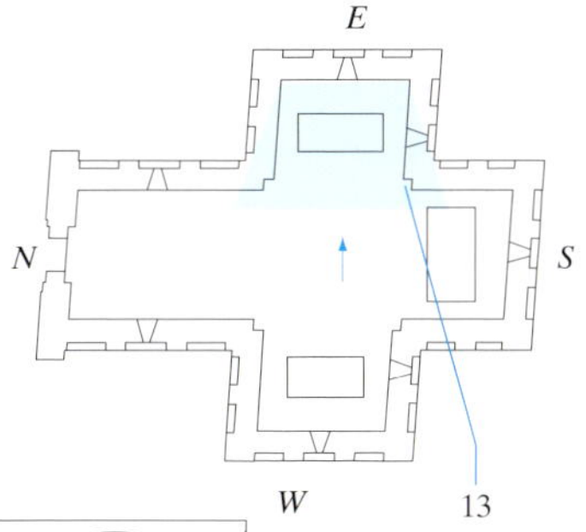

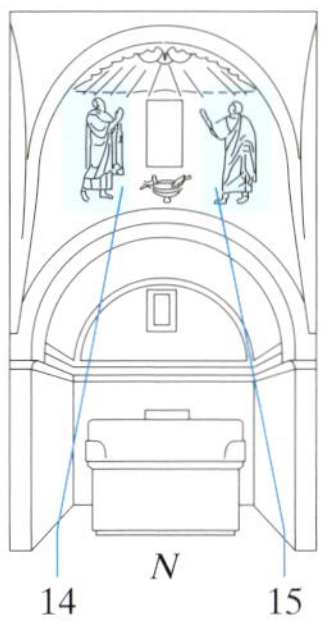

13-15. Il braccio est.
Anche in questo lunettone la gestualità degli apostoli che additano la sommità del sacello costituisce un tramite graduale verso la visione della cupola. L'immagine della lunetta ha un significato simbolico, in quanto i cervi che si dissetano rimandano al Salmo 41(42), 1-2: "Come la cerva anela ai rivi d'acqua, così l'anima mia anela a te, o Dio". Al suolo, il sarcofago detto di Costanzo III.

13-15. The eastern arm.
In this large lunette, the apostles' gestural language (they indicate the highest point in the sacellum) once again provides a gradual approach to the spectacle of the cupola itself. The lunette's imagery is symbolic: the drinking deer are an allusion to Psalms 44:1: "As the hart panteth after the water brooks, so panteth my soul after thee, O God." Below, the sarcophagus said to hold the remains of Constans III.

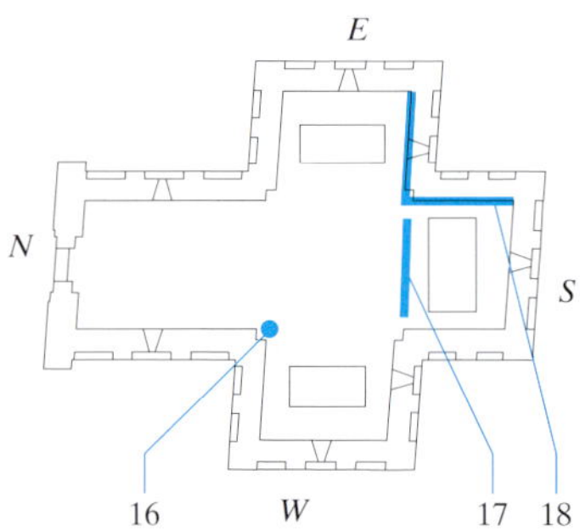

16

17

16. **Intersezione dei bracci ovest e nord.**
La decorazione a nastro prospettico degli estradossi ha origine da un cespo d'acanto bianco lumeggiato d'oro, motivo simbolico di carattere funerario allusivo alla resurrezione dei corpi dopo il Giudizio Universale.

17. **Braccio sud.**
Sottarco della volta.

18. **Intersezione dei bracci est e sud.**

16. ***Intersection of the western and northern arms.***
The ribbon decoration of the extrados arises from a tuft of white acanthus, streaked with gold; the acanthus motif is a funerary symbol of the resurrection of the flesh following the Last Judgment.

17. ***South arm.***
Arch soffit at inner end of vault.

18. ***Intersection of the east and south arms.***

21

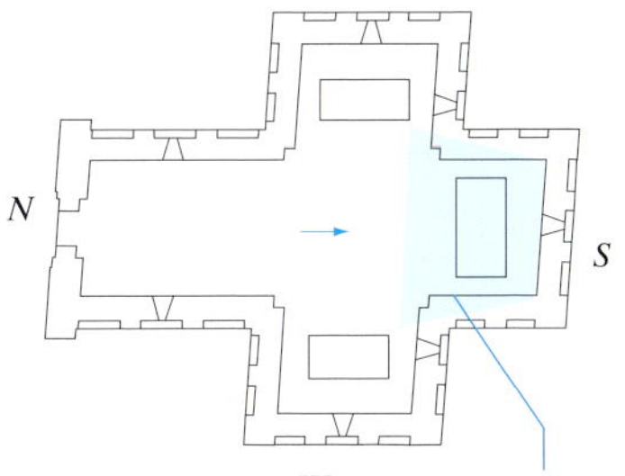

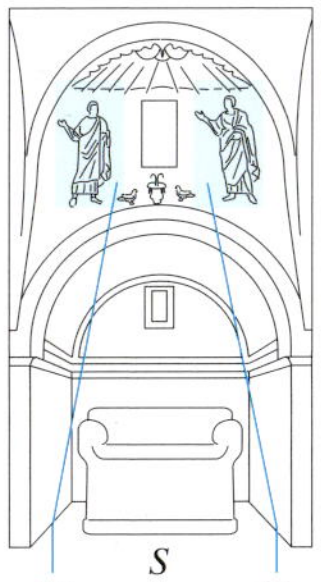

19. **Il braccio sud.**
Il primo contatto visivo per chi entra nel sacello è con l'immagine di san Lorenzo, protettore della dinastia valentiniano-teodosiana. Nel vano sottostante, il sarcofago detto di Galla Placidia.

20,21. **Gli apostoli del braccio sud.**
Anche questi apostoli, di aspetto più giovanile, sono colti nel gesto dell'*acclamatio*, il cui significato va posto in relazione con la seconda venuta di Cristo. Con lo sguardo e il movimento del braccio destro, entrambi infatti sembrano rendere omaggio all'apparizione della croce al sommo della volta stellata.

19. ***The southern arm.***
The first image that greets the eye of the visitor to the sacellum is that of St. Lawrence, protector of the Valentinian-Theodosian dynasty. In a space beneath rests the sarcophagus said to be that of Galla Placidia.

20,21. ***The southern arm. The apostles.***
These apostles as well indicate with their gestural language the moment of the acclamatio, *whose significance should be interpreted in terms of the Second Coming of Christ. With their gaze and the movement of their right arms, they appear to pay homage to the cross that appears at the apex of the star-strewn vault.*

22

22, 23. Lunetta di san Lorenzo.
Sul lato sinistro della graticola si apre un armadietto con quattro libri recanti ciascuno il nome di un evangelista – *Marcus*, *Lucas*, *Matteus*, *Ioann/es* – mentre sul lato destro incede il santo nimbato, vestito di tunica e pallio, il quale regge con la mano destra una lunga croce aurea e con la sinistra un libro aperto.

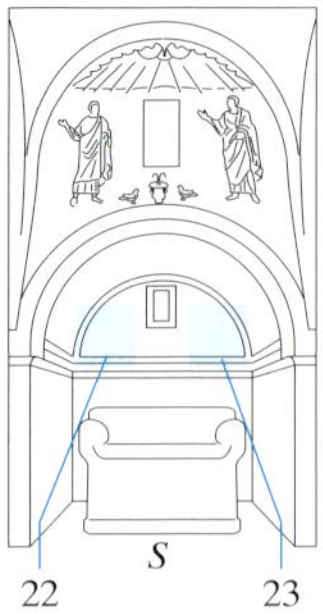

22, 23. ***Lunette of St. Lawrence.***
To the left of the gridiron a small cabinet opens to display four books, each of which bears the name of one of the apostles – Marcus, Lucas, Matteus, Ioann/es. *On the right, the haloed saint appears, dressed in tunic and pallium, bearing a long golden cross in his right hand and an open book in his left.*

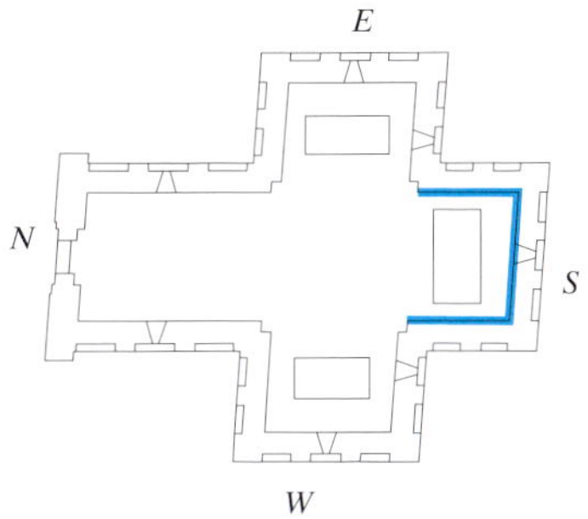

5

26

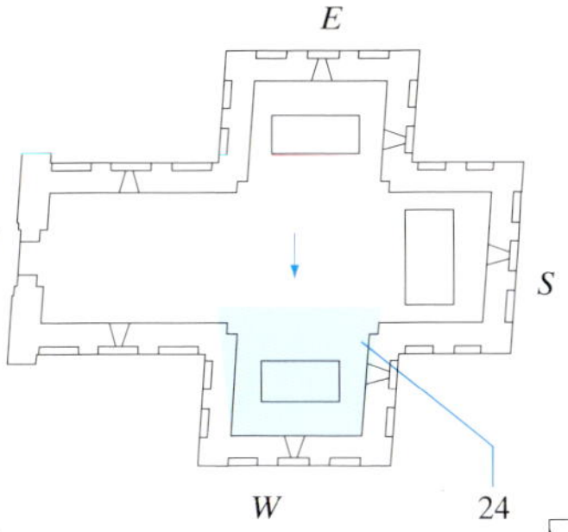

24-26. **Il braccio ovest.**
Nella lunetta si ripropone il motivo simbolico dei cervi alla fonte. Nel lunettone, due apostoli e nel vano sottostante un sarcofago di marmo tradizionalmente riconosciuto come il sepolcro di Onorio.

24-26. ***The western arm.***
The lunette once again evokes the symbolic motif of deer drinking at a spring. Two apostles appear in the large lunette; below lies a marble sarcophagus traditionally considered to be the tomb of Honorius.

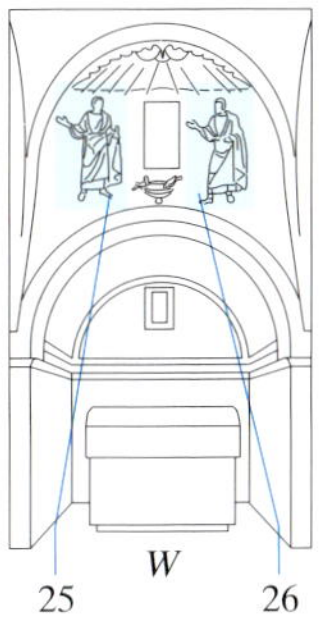

27. **La volta del braccio ovest.**
La decorazione, che ha carattere sia ornamentale che simbolico, racchiude su fondo blu il monogramma cristologico e due figure di profeti entro tralci di vite. Il motivo della vite si inserisce perfettamente nella tematica morte-resurrezione-vita che informa di sé l'intero Mausoleo.

28. **Il sarcofago di Onorio.**
La fronte presenta tre edicole con al centro l'Agnello Mistico sul monte del Paradiso e ai lati due croci latine. Nel tergo, una composizione simile ma con l'agnello orientato in senso opposto.

27. ***The vault of the western arm.***
The decorative elements, both ornamental and symbolic in nature, include a Christological monogram and two prophets among sinuous grape vines upon a blue background. The grapevine motif concords perfectly with the death-resurrection-life theme that informs the entire Mausoleum.

28. ***The sarcophagus of Honorius.***
The front is sculpted with three aedicules; at the center stands the Mystical Lamb atop the Mount of Paradise, while Latin crosses appear to the right and left. The rear is similarly decorated, with the lamb facing in the opposite direction.

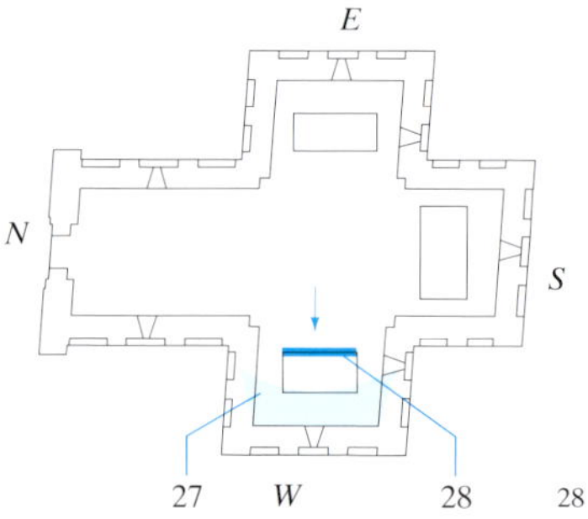

27

28

La cupola

The cupola

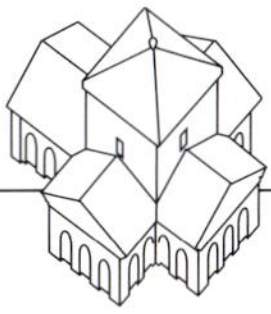

Culmine decorativo e simbolico del sacello è la splendida cupola, in cui su un fondo color indaco che simula un cielo notturno scintillano 567 stelle auree a otto punte disposte in cerchi concentrici e di dimensioni via via più ridotte, in modo da creare un senso di profondità e di illusione prospettica. Esse sembrano roteare attorno alla croce latina che campeggia al centro della cupola, circondata da sette stelle simbolo non già dei sette pianeti del paradiso cristiano, bensì del coro angelico, in accordo con il prologo dell'Apocalisse di Giovanni. Vero e proprio Leitmotiv dell'intero edificio funerario, la croce presenta infatti un significato escatologico che rimanda alla salvezza spirituale e universale adombrata dal testo giovanneo. Il riferimento all'Apocalisse (4,6-8) è ribadito dai quattro Viventi alati visibili nei pennacchi.

The splendid cupola *is the decorative and symbolic culmination of the sacellum. Five hundred sixty-seven golden, eight-pointed stars, arranged in concentric circles and in decreasing size, sparkle upon an indigo background that simulates a night sky. The result is a sense of depth and of optical illusion. The stars appear to revolve around a Latin cross that dominates the center of the cupola, itself circled by seven stars that symbolize not the seven stars of the Christian Paradise (as described by John in the first chapter of the Book of Revelation), but rather a heavenly choir of angels. The true Leitmotif of the entire funerary structure, the cross embodies an eschatological meaning that refers to the universal and spiritual salvation heralded in John's text. The reference to the Apocalypse is reinforced by the four winged Living Creatures (Revelation 4, 6-8) visible in the pendentives.*

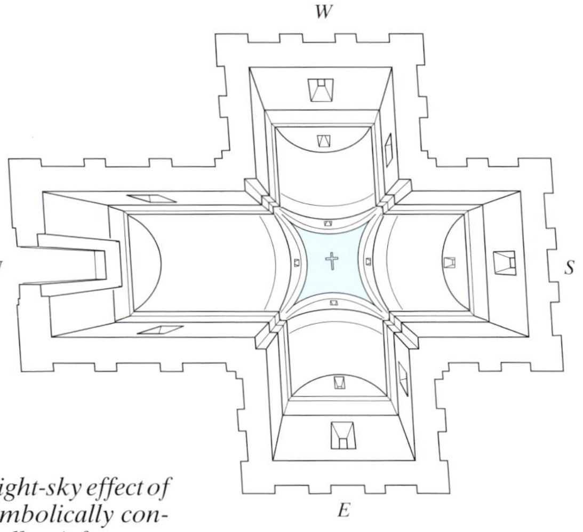

29. **La cupola.**
L'effetto notturno della cupola, assai suggestivo, presenta una connotazione simbolica legata alla funzione funeraria del sacello, mentre la croce è simbolo della redenzione.

29. ***The cupola.***
The evocative night-sky effect of the cupola is symbolically connected to the sacellum's funerary function, while the cross symbolizes redemption.

30

31

30-33. **I quattro Viventi dell'Apocalisse.**
Nei pennacchi della cupola, emergenti da nubi stilizzate di colore bianco-azzurro, il leone, il torello, l'uomo e l'aquila, erroneamente interpretati in passato come simboli degli evangelisti, sono invece da intendere come i quattro Viventi dell'Apocalisse che qui, anziché il trono di Dio, glorificano e acclamano nella croce il segno che annuncia la seconda venuta di Cristo.

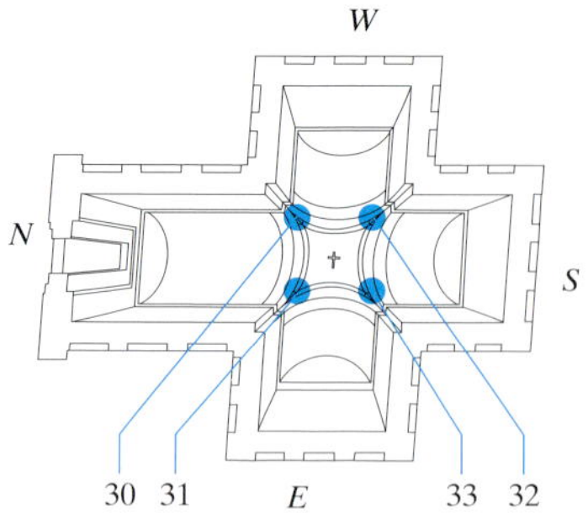

32

33

30-33. ***The four Living Creatures of the Apocalypse.*** *In the pendentives of the cupola, a lion, a bull, a man, and an eagle emerge from stylized, bluish-white clouds. In the past, these figures have erroneously been interpreted as symbols of the apostles, but they should be understood instead as the four Living Creatures of the Apocalypse. Here, rather than surround the Throne of God, they glorify and acclaim the cross as the sign of the Second Coming of Christ.*

Bibliografia essenziale

Essential Bibliography

ANDRÉ GRABAR, *L'Empereur dans l'art byzantin*, Paris 1936.

GIUSEPPE BOVINI, *Il cosiddetto Mausoleo di Galla Placidia in Ravenna*, Città del Vaticano 1950.

OTTO G. VON SIMSON, *Sacred Fortress. Byzantine Art and Statecraft in Ravenna*, Chicago 1948.

ANDRÉ GRABAR, *L'età d'oro di Giustiniano*, Milano 1966.

VIKTOR LAZAREV, *Storia della pittura bizantina*, Torino 1967.

PAOLO LINO ZOVATTO, *Il Mausoleo di Galla Placidia, architettura e decorazione*, Ravenna 1968.

GIUSEPPE BOVINI, *Edifici di culto d'età teodoriciana e giustinianea a Ravenna*, Bologna 1970.

ANTONIO PAOLUCCI, *Ravenna. Una guida d'arte*, Ravenna 1971.

LIDIA STORONI MAZZOLANI, *Vita di Galla Placidia*, Milano 1975.

FRIEDRICH WILHELM DEICHMANN, *Ravenna. Hauptstadt des spätantiken Abendlandes. Kommentar,* II, Wiesbaden 1976.

RAFFAELLA FARIOLI, *Ravenna romana e bizantina*, Ravenna 1977.

ERNST KITZINGER, *L'arte bizantina. Correnti stilistiche nell'arte mediterranea dal III al VII secolo*, Milano 1989.

ANNA MARIA IANNUCCI, CETTY MUSCOLINO e CESARE FIORI (a cura di), *Mosaici a San Vitale e altri restauri. Il restauro in situ dei mosaici parietali*, Ravenna 1992.

CLEMENTINA RIZZARDI (a cura di), *Il Mausoleo di Galla Placidia in Ravenna / The Mausoleum of Galla Placidia, Ravenna*, "Mirabilia Italiae" 4, Modena 1996.

PATRIZIA ANGIOLINI MARTINELLI (a cura di), *La Basilica di San Vitale a Ravenna / The Basilica of San Vitale, Ravenna*, "Mirabilia Italiae" 6, 2 voll., Modena 1997.

HANS-KARL SIEBIGS, *Das Grabmal der Galla Placidia: Versuch einer Erklärung*, Aachen 2003.

EUGENIO RUSSO, voce *Ravenna*, in *Dizionario di iconografia e arte cristiana*, II, Milano 2004, pp. 1108-1112.

SILVIA PASI, *Ravenna e Bisanzio*, in *Venezia e Bisanzio. Aspetti della cultura artistica bizantina da Ravenna a Venezia (V-XIV secolo)*, a cura di CLEMENTINA RIZZARDI, Venezia 2005, pp. 46-87.

CLEMENTINA RIZZARDI, *Il cielo stellato del mausoleo di Galla Placidia*, in *Studi in memoria di Patrizia Angiolini Martinelli*, a cura di SILVIA PASI, Bologna 2005.

CLEMENTINA RIZZARDI, *I mosaici parietali di Ravenna da Galla Placidia a Giustiniano*, in *Venezia e Bisanzio: aspetti della cultura artistica bizantina da Ravenna a Venezia (V-XIV)*, a cura di CLEMENTINA RIZZARDI, Venezia 2005.